松本 茂

# 私の つれづれ 歴史探訪

海鳥社

本扉写真＝京都御所の左近桜

# 私のつれづれ歴史探訪◉目次

## 歴史の中の天皇……7



## キリスト教伝来と弾圧の時代……71

# 歴史の中の天皇

# 日本三大内戦の一つ・筑紫君磐井の乱

## 筑紫君磐井の墓・岩戸山古墳

福岡県八女市吉田の国道三号線近くに、岩戸山古墳がある。大王《おおきみ》（天皇）のヤマト政権と戦った筑紫君磐井《つくしのきみいわい》の墓である。

前方後円墳（身分の高い人の墓）では九州最大といわれ、東西約一四〇メートル、周濠・周堤を含めると約一八〇メートルの大古墳である。この辺りは東西一〇キロに及ぶ丘陵地帯で、古墳の周りも広大である。現在、一五〇から三百の古墳があるといわれ、全国的にも有数の埋蔵文化財の宝庫という。

岩戸山古墳では、石人・石馬、そして猪《いのしし》・水鳥・鶏など百以上の石製品、金属製耳飾り、鉄製の馬具、剣などが出土している。大部分が国の重要文化財、福岡県の有形文化財として指定されている。これらの一部は、古墳南側にある岩戸山歴史資料館で見学できる。

この古墳が国指定史跡とされたのは昭和三十（一九五五）年のことである。それまでは、

「官軍」に逆らった賊軍であるとして放置されていたのだろうか。戦後、皇国史観の消滅により、正しい評価がなされるようになったのだと思う。

そもそも、この古墳が筑紫君磐井の墓であることを初めて考証したのは矢野一貞（一七九四―一八七九年）であった。久留米藩士で明善堂にも出役、北野天満宮祠官などを歴任。特に考古学的研究を行い、大著『筑後将士軍談』（後に『筑後国史』と改題）などを記した。短編「三事図考」に、

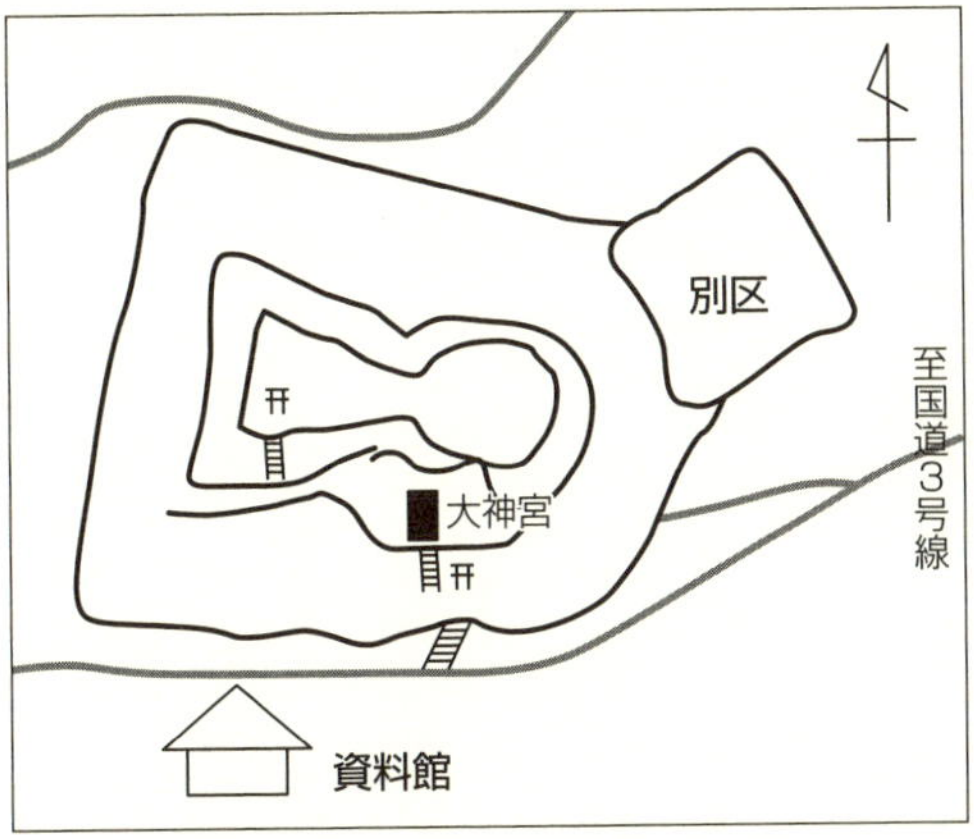

岩戸山古墳略図。別区は政所と考えられている

風土記に見えたる磐井の墓は、吉田なるべく思わるる。一条にも石人、石窟ありて、人皆、是なるべしといえるは、吉田のさまを詳しく見ざる故なり。

と記している。岩戸山古墳の土地、石人などを精密に測定して『筑後国風土記』逸文（後述）の磐井の古墳と一致することを証明し、それまで広川町一条の石人山古墳が磐井の墓と目《もく》されていたのを否定している。嘉永六（一八五三）年のことである。

その後、昭和三十一年、森貞次郎氏の考証で磐井の墓として決定づけられたとのことである。

ちなみに、当古墳は磐井が生前に築いた自らの墓であり、由来の明らかな古墳は極めて珍しいといわれる。なお、氏族の出自による姓には、臣《おみ》・連《むらじ》・君《きみ》などがあり、五世紀以前からの古い家柄の上級の貴族に与えられた。

## 磐井の乱の真相

さて、磐井はどうして反乱を起こしたのだろうか。五二七年、第二十六代・継体天皇のときである。一五〇〇年ほども昔のことであり、不明のことも多い。残された史料もわずかである。

『古事記』継体天皇の項には、次のように書かれている。

この御世《みよ》に、筑紫君石井《いわい》、天皇《すめらみこと》の命《みこと》に従わずて、礼《いや》なきこと多かりき。故《かれ》、物部荒甲《もののべのあらかい》之大連《のおおむらじ》・大伴金村連《おおとものかなむらのむらじ》、二人を遣わして、石井を殺したまいき。

『日本書紀』継体天皇の項には、次のようにある。

継体二十一（五二七）年夏六月三日、近江毛野臣《おおみのけなのおみ》、兵六万を率いて任那《みまな》に行きて、新《しら》羅《ぎ》に破られし南加羅《ありひしのから》・喙己呑《とくことん》をかえし興建《た》てて、任那に合わせむとす。是《ここ》に筑紫国造《つくしのくにのみやつこ》磐井《いわい》、陰《ひそか》に叛逆《そむ》くことを謨《はか》りて、猶預《うらもい》して年を経《ふ》。事の成り難きことを恐りて、恒に、間隙《ひま》を伺う。

新羅、是を知りて密《ひそか》に貨賂《まいない》を磐井が所《もと》に行《おく》りて、勸《すす》むらく、毛野臣の軍を妨げよと。是に、磐井、火《ひのくに》・豊《とよのくに》、二つの国をおさえて職務不可能とせり。外は海路を邀《た》えて、高麗《こま》・百済《くだら》・新羅・任那らの国の年《としごと》に職貢《みつぎものたてまつ》る船を誘《わかつ》り致し、内は任那に遣せる毛野臣の軍を遮りて、乱語《なめりごと》し揚言《ことあげ》して曰《い》わく（略）遂に戦いて受けず。驕《おご》りて自ら矜《たか》ぶ。

是を以って毛野臣、乃《すなは》ち防がれ中途にして滞《とどま》りてあり。（略）秋八月一日詔《みことのり》して曰《のたまわ》く「物部麁鹿火大連《もののべのあらかいのおおむらじ》、これこの磐井したがわず。汝徂《ゆ》きて征《う》て」とのたまう。（略）二十二年の冬十一月十一日、大将軍大連麁鹿火、親《みづか》ら磐井と筑紫の御井郡《みいのこおり》に交《あい》戦う。旗鼓《はたつづみ》相望み（略）ついに磐井を斬りて（略）十二月《しはす》に、筑紫君葛子《くずこ》、父のつみによりて誅《つみ》せられむことを恐りて、糟屋屯倉《かすやのみやけ》を献《たてまつ》りて、死罪贖《しぬるつみあが》わむことを求《まう》す。

また、『筑後国風土記』逸文には、次のようにある。

上妻《かみつやめ》の県《あがた》。県の南二里に筑紫君磐井の墓墳《はか》あり。（略）石人と石盾と各六十枚、交陣《こもごもつら》なり行をなして四面《よも》にめぐれり。東北の角に当りて一つの別區《ことどころ》あり。なづけて衙頭《がとう》という。政所《まつりどころ》なり。（略）男大迹《おほど》の天皇のみ世に当りて、磐井、豪強《つよ》く暴虐《あら》くして皇風にしたがはず。生けりし時、預《あらかじ》めこの墓を造りき。俄にして官軍《みいくさ》動発《おこ》りて襲《う》たむとする間《ほど》に、勢の勝つましじきを知りて、独自《ひとり》、豊前の国上膳《かみつみけ》の県に遁れて、南の山の峻《さか》しき嶺の曲《くま》に終《みう》せき。ここに官軍、追いまぎて蹤《あと》を失いき。士《いくさびと》、泄《や》まず、石人の手を撃ち折り、石馬の頭を打ちおとしき。

磐井は広大な墓・古墳を生前につくっていた。これは豪族であることを誇示する意味もあったであろう。石人・石盾・石馬などを多数配して、珍しい別區《ことどころ》もあった。ここは裁判なども行う役所であり、政治の中心であったのだろう。一つの王国のようであった。

ヤマト政権は、まだまだ全国統一に努めていた過程にあり、地方の情勢は不安定であった。

『古事記』『日本書紀』は磐井について、

「天皇の命に従はずて、礼なきこと多かりき」（『古事記』）

「陰に叛逆くことを謨りて」（『日本書紀』）

と記している。また、『筑後国風土記』逸文には、

「豪強く暴虐くして皇風にしたがはず」

と記されているが、これは他の地方、武蔵・吉備・出雲なども同様であったのだろう。

全国を屯倉《みやけ》（中央政権が直接支配・領有する土地）とし、役人を置く制度にせねばならない。形式上では中央政権に属しているという「国造《くにのみやつこ》」を無力化せねばならなかったのである。まして、中央政権に非協力的な態度をとるような豪族は、消えてもらわねばならなかったのであ

る。

「五二七年、ヤマト政権は、友好国、朝鮮の任那を新羅から守るため、六万の軍勢を派遣した。新羅は賄賂を磐井に贈ってヤマト軍の進撃を止めるよう頼んできた。かねてから反乱を考えていた磐井は、このときとばかりヤマト軍に立ち向かった」というのが『日本書紀』である。

翌五二八年十一月、現在の福岡県久留米市近郊で大激戦となり、ヤマト軍は磐井を斬った。軍勢の上げる塵埃は入り乱れ、互いに勝機をつかもうと、必死に戦って相ゆずらなかった。『日本書紀』原文では「旗鼓相望、埃塵相接。決機両陣之間、不避万死之地。遂斬磐井」とあり、かくして一年有余にわたる六万対数万の軍勢による大戦争は磐井の死で終わった。

磐井の子の葛子《くずこ》は、糟屋の地を屯倉として献上し、死罪を免れたようである。

『筑後国風土記』逸文では、「磐井が中央政権に反抗するような態度であったので、官軍が攻めてきた。磐井は豊前の国に逃れて、山の中で死んだようである。官軍は捕え損なったので、石人や石馬を破壊した」という。新羅が賄賂を贈ったとは記していない。『古事記』でも、「天皇の命に従わず無礼なことが多かったので、石井を殺した」と簡潔に記されている。

当時、朝鮮への出兵などがあり、朝鮮との外交問題がからむと、この磐井の乱も国際的スケールとなるところであろうが、筆者の私見としては、新羅の依頼は『日本書紀』の嘘ではないかと思う。賄賂をもらったから反乱を起こしたと称して、この戦争ともいうべき事態を、単に悪者の反乱事件の範疇に留めようとする意図が垣間見える。

復元された岩戸山古墳の石人群

たびたびの朝鮮出兵などで負担も大きく、北部九州住民の不満も強くなっていたという。六万の大軍と戦うのである。磐井は北九州の一帯の盟主として、「筑紫の国」の存亡をかけて立ち向かったのではあるまいか。

『日本書紀』は朝廷側の立場から述べた内容も多々ある。結果的に磐井は賊であるというイメージが戦前まで定着していた。しかし、反乱ではなく、自衛のための戦いだったのではあるまいか。その点、『古事記』が簡潔にして真実を述べているともいえよう。「継体・磐井戦争」ともいわれる所以である。

磐井の乱は、ヤマト政権の対朝鮮外交を背景として見なければ理解できないという史観が多いようであるが、私見としては、ヤマト政権の国内平定の過程に過ぎなかったのではと思う。もっとも『日本書紀』にあるように、磐井は「海路を遮断して、高麗・百済・新羅・任那らの年に職貢る船を誘り致し」、つまり貢物を運ぶ船を欺き奪ったというのであるから、水軍も動員したのであろう。朝鮮と無関係ではなかったようである。

中央政権に対する戦い、いわゆる官軍との戦いとして、戊辰《ぼしん》戦争、西南の役とともに、国内三大戦争の一つとされる所以である。

# 皇統と女帝

## 皇位継承問題

現在（平成十九年九月）、皇太子（徳仁《なるひと》親王）には男子がおられない。女子（愛子内親王）お一人である。

最近、小泉首相のとき、今上天皇（一二五代）の次の次の天皇（一二七代）は女帝でもよいではないか、「皇室典範《こうしつてんぱん》」を改正すればよい、などといろいろ議論された。間もなく秋篠宮（文仁《ふみひと》親王）に男子（悠仁《ひさひと》親王）が誕生し、この話題は下火になっていった。

女帝論に賛成の人は、過去にも女性の天皇は数人おられたではないか、女帝がしかるべき男性と結婚されて、その御子を次の天皇にされたらよいのではないか、と単純に考えていたようである。

ところが、仮に皇室の血を引く男性がいない場合は（一般人とも結婚できるとしておれば）、例えばホリエモン氏（引用は失礼かと思うが、有名税としてお許しあれ）と結婚されたら、ホリエモン氏の子供さんが次代天皇となるのである。この天皇は女系の血筋であって、皇室男子の血は継がれていないことになる。一二五代の現代まで男系の血は脈々と受け継がれてきたといわれているが、これが途絶えるわけである。

女帝論賛成者の多くは、案外このことをご存じでなかったようである。男女平等だからどちらの血筋でもよいではないか、という人もあろう。

ところで男子（親王）誕生は、秋篠宮以来四十一年ぶりのことである。現在の皇位継承順は、第一位が皇太子、第二位が秋篠宮、第三位が悠仁親王となる。

現行の「皇室典範」（昭和二十一年改正）の第十二条に「皇女（ないし女王）は、一般男子と婚姻すれば皇族の身分を離れなければならない」とある。

典範改正で女帝を認めた場合は、その女帝となるべき皇女を、まず「皇太子」にせねばならない。さらに皇族に男子がいなければ、一般男子との婚姻をも認めるようにせねばなるまい。

現行の典範のままであれば、皇族は天皇と同じく、養子を取ることも女子を当主とすることも認められていないとのことである。とすると、今の皇太子が即位され、崩御された後は、現在の東宮家は断絶となるのであろうか……。

［注］天皇の子女は、公式には男女ともに「皇子」と称すが、男のみを指す場合も多く、女子は「皇女」と呼ばれる。皇嗣たる皇子を「皇太子」と称する。皇女で皇太子に立てられた事例もある。

### 八名の女帝

過去、女帝は八名（二名は重祚《ちょうそ》〔一度退位した天皇が再び即位すること〕のため十代）おられた。夫が天皇のケースが四名。他の四名は生涯独身であられた。

第三十三代・推古《すいこ》天皇
　五五四－六二八年（七十五歳）。在位五九二－六二八年（三十六年間）。
第三十五代・皇極《こうぎょく》天皇
　五九四－六六一年（六十八歳）。在位六四二－四五年（四年間）。
第三十七代・斉明《さいめい》天皇
　在位六五五－六六一年（七年）。皇極天皇の重祚。
第四十一代・持統《じとう》天皇
　六四五－七〇二年（五十八歳）。在位（六八六）六九〇－九七年。四年（称制＝即位せず執政）と八年（計十二年間）。
第四十三代・元明《げんめい》天皇
　六六一－七二一年（六十一歳）。在位七〇七－一五年（九年間）。
第四十四代・元正《げんしょう》天皇
　六八〇－七四八年（六十九歳）。在位七一五－二四年（十年間）。生涯独身。

第四十六代・孝謙《こうけん》天皇
七一八―七〇年（五十三歳）。在位七四九―五八年（十年間）。生涯独身。
第四十八代・称徳《しょうとく》天皇
在位七六四―七〇年（七年間）。孝謙天皇の重祚。
第一〇九代・明正《めいしょう》天皇
一六二三―九六年（七十四歳）。在位一六二九―四三年（十五年間）。生涯独身。
第一一七代・後桜町《ごさくらまち》天皇
一七四〇―一八一三年（七十四歳）。在位一七六二―七〇年（九年間）。生涯独身。

以上八名の女帝の出自《しゅつじ》を見てみよう。

父＝天皇は六名、父＝皇族男子は二名、母＝女帝は一名、母＝内親王は一名、母＝皇族以外の女性は六名である。

践祚《せんそ》（即位）の理由は、次のようなものである。
●天皇崩御《ほうぎょ》のとき、または生前退位のとき、皇太子がいない、または幼少、皇太子が即位を拒否したなど（六例）。
●嫡子の皇太子早世のため、孫に譲位するまで女帝であった（一例）。
●女帝（母）から皇位を譲られた（一例）。

●女子で皇太子となり後年即位（一例）。
●前天皇を廃し幽閉して重祚（一例）。
とにかく皇族以外の男子との結婚はなかった。

八代・六人は、五九二－七七〇年の一七八年間に集中している。一〇九代・明正は、称徳以来八五九年ぶりの女帝である。その後、一一九年ぶりに後桜町女帝の誕生となった。後桜町は史上最後の女帝となっている。

三十三代・推古は、三十二代・崇峻《すしゅん》が蘇我馬子に殺害されたため、三十代・敏達《びだつ》の皇后であった彼女が即位。敏達、崇峻、推古の父は欽明《きんめい》天皇である。推古は聖徳太子に政治を任せた。

四十一代・持統は、四十代・天武《てんむ》亡きあと、嫡子を皇太子にするため、天武の庶子（持統の姉の子。甥に当たる）を計画的に殺害。嫡子（草壁皇子）は皇太子となって二十八歳で若死。よって持統が即位した。執政十二年。六九七年、皇太子（草壁皇子の皇子、次の文武《もんむ》天皇）に皇位を譲った。「妻とたのませ」と詠むほどの女傑であった（「柿本人麻呂の恋」参照）。

四十四代・元正は天武・持統直系の孫娘。母の元明から皇位を譲られた。持統案の政略結婚の予定違いから、一生、独身に据え置かれたという。

四十六代・孝謙は初めての女性皇太子。聖武から譲位。

四十八代・称徳は孝謙の重祚。弓削道鏡《ゆげのどうきょう》との話がよく知られている。道鏡を太政大臣、そして法王にした。道鏡が天皇になれば天下太平になろうとの託宣《たくせん》（神託）があったといい、和気清麻呂を宇佐八幡宮（九州・大分）へ派遣。しかし、不可との神託を清麻呂が報告したので、清麻呂を遠流《えんりゅう》の刑にした。

一〇九代・明正は父・後水尾からの突然の譲位（幕府との確執が原因という）により七歳で即位。二十一歳で異母弟に譲位。

一一七代・後桜町は、一一六代・桃園《ももぞの》が急死したとき、親王は五歳だったので、桃園の一歳違いの異母姉であった後桜町が即位。九年で譲位。

四人もの人が生涯独身とは、やはり女で即位は大変なことであったろうと思われる。女の幸せ（庶民的な感覚での）というものを、ふと考えられることもあっただろう。

レディーファースト、女帝論が冒頭になった。このあたりで次の話題に移ろう。

## 神から人へ

ジンム、スイゼイ、アンネイ、イトク、コウショウ、コウアン、コウレイ、コウゲン、カイカ、スジン、スイニン……。

筆者（昭五年生）の世代では、この御経みたいな文句は今でもスラスラと口に出る。さすがに先の方は忘れたが、小学生のときに暗記させられた。

まず小学校正門を入ると、そばに奉安殿という神社のミニチュアみたいな建物（中には昭和天皇夫妻の写真が入っていて、これを「御真影」という）があり、帽子をとって最敬礼。

講堂では白手袋の校長先生が、桐《きり》の箱より紙の巻物を恭《うやうや》しく広げ、教育勅語を拝読。私たちは、「『夫婦相和し』とは、どうすっとじゃろか」とか、「大正天皇は勅語の紙をくるくると巻いて、望遠鏡の代わりに覗きなはったげな」とか話していた。悪童どもは何でもオモチャにして遊ぶものである。話題もオモチャである。

「東方遙拝」というのもあって、これは三百里かなたの皇居を拝むのである。

閑話休題《それはさておき》、今までの天皇の人数は、重祚二人、北朝五人だから、

一二五－二＋五＝一二八

で一二八人となる。これは今上天皇が一二五代としての数である。

神武に始まる神話は、いわゆる作り話であるが、その内容はストーリーとしては面白く、よくできている。文学作品として、世界遺産の一つであろう。しかしながら、当時は日本歴史として教えられていた。今の若い人たちは、神様が雲に乗って降りてきて国を生んでいった話など、可笑《おか》しくて、まともに聞けたものではないと思うだろう。

当時は、神が雲に乗れるか否かを議論することがそもそもなかった。天皇陛下は神様（現人《あらひと》神《がみ》）であられる。そのご先祖様の神様たちだから、雲に乗ることもできたのである。

神の世界は次元が違うのである。宗教のマジナイにかかっていたようなものであったろうか。

「神様ではありません。私も皆さんと同じ人間ですよ。もう私のことを『朕《ちん》』と呼ぶこともこれが最後ですよ」

と昭和天皇が声明を出されたのは、ほんの六十三年前のことである。

神話の天皇ではなくて、実在したのはいつ頃からであろうか。歴史学者の研究では、第二十六代・継体《けいたい》天皇からであろうとのことである。生年不詳、没年が五三一年かといわれている。生没年が明らかになるのは、第三十三代・推古天皇（五五四―六二八年）からのようである。

二十五代・武烈《ぶれつ》は皇子も皇女ももうけないまま世を去った。皇嗣がいなくなる恐れがあった。越前にいた十五代・応神《おうじん》天皇の五世の孫という男を、本人はいやがるのを即位させた。これが継体である。継体には越前にいた頃から妃がいて男子もあったという（後に二十八代・宣化《せんか》天皇となる）。

越前に「王朝」があったのではないか、そして継体以後の皇統はその王朝の流れではないか、ということも考えられる。神武以来の神話の時代は記紀（『古事記』『日本書紀』）の創作であり、今の天皇制は継体に始まったのではないだろうか。この説の方が現実性があると思う。

昭和の敗戦（大東亜戦争、アメリカ流では太平洋戦争）までは、天皇は「神」であった。これは明治新政府から昭和の軍閥までの政策によるでっち上げであろう。中世の天皇は苫屋《とまや》に住み、臣下の者に流罪・幽閉されたりしていた。幕末においても皇居の壁の破れ目から灯がもれているのが見えたという。人民も皇室を意識することはあまりなかったようである。お寺の総本山の教祖様のような存在ではなかったかと思う。

いつから「神」になられたのか。明治以来と筆者は考えていた。ところが、『万葉集』には次のような歌がある。

王《おおきみ》は神にしませば天雲《あまぐも》の　五百重《いほへ》が下に隠れたまひぬ

（『万葉集』巻二・二〇五）

弓削《ゆげ》皇子が亡くなったとき、置始東人《おきそめのあずまひと》が詠んだ歌とある。先で天皇になられる皇子であろうか。この頃も「現人神」として崇拝されていたようである。

武士の台頭、平家、鎌倉幕府、足利《あしかが》幕府、戦国時代、徳川幕府と次第に朝廷の尊厳は失われていったようである。しかし、皇室をわが家同様に取り扱い、天皇にならんとした、いや天皇になった者は足利義満《よしみつ》だけである。日本一の怪物、「逆臣」であろう。

しかし逆臣といえば、筆者の小学生時代は足利尊氏《たかうじ》が強調されていて、義満には逆臣の評価はほとんどなされていなかった。殺傷が少なかったからでもあろう（別項「後南朝閑話（一）」参照）。また、南北両朝を北朝のみに統一した功績がある。現代の皇室は北朝系である。

次にユニーク（？）な天皇について述べることにする。

●第二十一代・雄略天皇（生没年不詳）

皇位継承のライバル皇子たちをすべて抹殺して即位（五世紀後半か）。人を殺すこと多く、

「大悪天皇」と呼ばれた。一方では「有徳天皇」ともいわれたという。彼が実在していたという確証はないが、『万葉集』の一番初め（巻頭）に御製として歌があるのが注目される。

籠《こ》もよ　み籠《こ》持ち　ふくしもよ　みぶくし持ち　この岳《おか》に　菜摘《なつ》ます児《こ》　家聞かな　名告《の》らさね（後略）

（籠もまあよい籠をもち、ふぐし〔土を掘るヘラのようなもの〕もまあよいふぐしを持って、この岡に菜をつまれている、娘子よ、家がどこにあるか聞きたい、名を言って下さい）

（現代語訳・久松潜一『万葉秀歌』一、講談社学術文庫、一九七六年）

雄略の歌かどうか疑問があるが、否定するだけの根拠も乏しいという（久松潜一『万葉秀歌』一）。

●第二十五代・武烈《ぶれつ》天皇（生没年不詳、五〇六年没か）

暴虐な振るまいが多く、悪王として有名。「妊婦の腹を裂いて胎児を見た」「女たちを裸にして馬と交尾させた」などである。『日本書紀』には書いてあるが、『古事記』には残虐であったとは一切記されていない。近来、歴史学会では書紀の記事は捏造《ねつぞう》であろうといわれている。

●第三十二代・崇峻天皇（生没年不詳、五九二年没か）

蘇我馬子の部下に暗殺された。臣下による暗殺は初めてであろう。

●第三十九代・弘文《こうぶん》天皇（六四八―六七二年）
天智の皇子で大友皇子という。皇位の争いで天智の弟・大海人皇子に追い詰められて自害。二十五歳。即位したという確かな記録はないが、その後の文献を根拠に明治三（一八七〇）年、明治天皇が歴代天皇に加えられた。
●第五十七代・陽成《ようぜい》天皇（八六八―九四九年）
在位は九歳から十六歳まで。狂気の振るまいが多く、精神病であったらしい。

## 昭和の天皇

さて、いよいよ筆者が玉顔を拝したことがある昭和天皇について述べたいと思う。「拝した」といっても昭和二十四（一九四九）年の九州行幸、久留米市の奉迎会場でのことである。中肉中背でやや猫背のスタイルの方であった。

昭和天皇こそ歴代天皇の中で一番の波瀾万丈のご生涯であったと思う。重臣たち虐殺のクーデター未遂事件。戦争に明け暮れた十五年。三百万の国民の死。焦土と化した国土。そして敗戦。敵の総司令官を訪問し、一軍人に過ぎない男との屈辱的な記念写真撮影。

日本全土を占領され、天皇以下すべてが占領軍の支配下に置かれたことなど、有史以来なかったことである。かつての重臣らは絞首刑にされ、自らは捕縛の危険性さえあった。これを招いた軍閥・軍人たちの不忠、極まれりというべきである。

苦渋の前半生であられたが、ご在位も長く、長寿を全《まっと》うされてよかったと拝察する。日本も国民の努力により経済的には復興し、その繁栄を誇るまでになった。

ここで「敗戦と天皇」について、戦後六十三年が経った今、客観的に冷静に検討したいと思う。今でも、「天皇の責任」などを論ずるとは、非国民、または「左翼か」と色目で見られるようなムードがあるように思う。

しかし、「天子様は関係ないことだ」と棚の上に飾っておくか、または全く無関心というのは、よくないことだと思う。皇室にとっても不幸なこととなろう。すなわち「飾り物」ほど、悪い奴が持ち出して利用するのである。かっての軍閥が天皇を大元帥とし、「統帥権《とうすいけん》」というものを振りかざして暴走、亡国に及んだのである。

自由にディスカッションできる国でなければ、国の発展や皇室の弥栄《いやさか》もないと思う。

昭和天皇は初めから平和を望まれた。御前会議で開戦と決まるとき、平和を祈られた明治天皇の御製を朗読されて、自らの希望を表現された。また、開戦の詔勅に「アニ朕ガ志ナランヤ」という文句の挿入を指示された。

昭和軍閥の支配の波は荒れ狂い、妻子を残して動員された兵士たちは、「天皇陛下のためならば」と死んでいった。軍は天皇の名において「戦陣訓」なるものを発表し、「生きて虜囚《りょうしゅう》の辱《はずかしめ》を受けず」と強制し、兵士らは、アメリカ兵たちには全く理解不可能な玉砕、無駄死にで散っていった。軍閥が天皇を大元帥にしたのである。

一般に、部下の不始末についてはトップの者にも責任が生ずるものである。むろん英明な天皇は、日夜苦しまれたことであろう。敗戦後、退位、そして摂政《せっしょう》を置くことも考えられたと思う。

しかし、退位は不可であった。宮内省もご進言したと思うが、退位ということは自らの責任を認めるということである。これは極東軍事裁判において恰好《かっこう》の起訴理由となろう。それゆえに退位できなかったのではあるまいか。

では何をなさるべきであったか。せめて沖縄、サイパン、ガダルカナルなどの戦場跡を巡って戦死者を弔うべきであった。アメリカに行かれてマッカーサーには会われた。何となく後味が悪い。

天皇は、内閣の決定にはただ従うだけであったという。それにしては二・二六事件での軍人たちの処刑指示、終戦の決定など、政治力も発揮されている。

苦しいお立場は理解できるが、「天皇陛下のためならば」と死んだ人やその遺族たちの気持ちに応えられるべきであった。筆者の身内には戦死者はいない。戦死者のいる家の人々はいかがな気持ちであろうか。

せめて極東軍事裁判後、退位されるべきであった。摂政には弟君の高松宮、三笠宮もおられた。トップがけじめをつけないとどうなるか。それは、その後の日本人の行動が示している。

昭和天皇のご最期は、ごく大量の輸血を受けて苦しまれた。あれほどの血液を玉体に注入してよかったのか。宮内省医師団の処置にも疑問がある。ご退位問題といい、宮内省の進言で天皇は望まれた行動もできなかったのではなかろうかと思う。宮内省の不始末、極まれりというべきか。

天皇の「統帥権」を笠に着て軍閥が国を亡ぼした。「なに亡国？　日本は繁栄しているではないか。負けてよかったのではないか」と若い人たちは言うだろう。独立国とは何か。自分たちで国を守れる国のことである。憲法九条のおかげで平和なのだという人も多い。戦わず死なず、軍隊もなく、日々を楽しく暮らせるならこれほどよいことはない。

ところがどうか。知らないうちに自国内に外国人が侵入して、日本人を拉致していたのである。今頃になって騒いでも、相手は済んだことだと相手にしない。そもそも、この拉致のケースの場合、相手が返してくれないなら戦争である。自国軍で相手の国に侵攻し、取り返すのが当たり前なのである。それができない日本ということで、相手から馬鹿にされるのである。

「では軍隊を強くせよということか。それは憲法違反だ」という。すでに自衛隊も憲法違反である。

ではどうするか。憲法九条を改正することである。かっての軍閥の横暴を知っているから軍隊に過敏に反応するのであろう。過ちを繰り返さないためにも、デモクラシーの国として、軍隊はシビリアンコントロール（文民統制）されねばならぬ。

第二次世界大戦後の朝鮮戦争時、北へ侵攻を図るマッカーサーをトルーマン大統領が電報一本で解任した。日本では天皇の上に君臨していたマッカーサーを、平凡な文民大統領が解任したのである。これが民主主義国の素晴らしさであろう。日本で仮に強い軍隊ができたとして、充分シビリアンコントロールが行われるかどうか。今なお、一抹《いちまつ》の不安がある。後進国ほど軍隊のクーデターが起こっている。

日本の平和は、アメリカによって守られている。アメリカの「核の傘」の下にあるのである。「なに亡国？　日本は繁栄しているではないか。負けてよかったのではないか」との意見は、独立国と属国との区別を知らない者の考えである。

日本は、今なお独立国ではない、独立の精神に則り、これを「亡国」という。

歴史上の評価が出されるのは百年後といわれる。四十年後に、昭和天皇のご事績についていかに記されるのだろうか。世界中を相手に戦い、敗れても皇統を維持された。皇祖皇宗もその労をよしとされることであろう。

大戦の降伏交渉の際、一番問題にされたのが国体の護持、天皇制の維持であった。これについてのおよその確証を得るまで日数を要した。その間、原爆投下、玉砕と国民の血は流れた。天皇制は人民の血で護られたのである。

## おわりに

再び女帝問題について。現行「皇室典範」で皇位継承の有資格者を「皇統に属する男系の男子」と規定しているが、一夫一妻制の夫婦間では男子が生まれないケースもあろう。

そのために旧典範では「嫡出ヲ先ニス。皇庶子孫ノ皇位ヲ継承スルハ、皇嫡子孫皆在ラザルトキニ限ル」と、万一に備えて側室所生の皇庶子孫を容認していた（嫡出＝皇后の実子、皇庶子＝側室の子）。つまり側室を容認していたから、「男系の男子」と規定できたのである。

今さら側室制などあり得ないであろうが、どのような事態にも対応できるように、「皇室典範」は充分、検討されねばなるまい。

# 柿本人麻呂の恋

## 柿本人麻呂の官位

隼人《はやひと》の名に負《お》ふ夜声《よごえ》いちしろく　わが名は告《の》りつ妻とたのませ

（『万葉集』巻十一・二四九七、「柿本人麻呂《かきのもとのひとまろ》歌集」より）

（隼人の名にそむかない夜警の声のように、はっきりと私は名乗りました。妻として頼りにしてください）

当時、女が実名を告げるのは、男に身を許すのと同じことだった。男の求愛に女が応えたときの歌であろう。

その頃、薩摩の隼人たちは内裏《だいり》（皇居）や大内裏の警備に当たっていた。ただの夜警、門衛でなく、天皇の身辺で警備に当たっていたのである。邪を祓うために犬の吠え声を出していたという。この声が「いちしろく」（はっきりと）聞こえるのだから、女性は大内裏の中に住む女性である。

石原秀晃《ひであき》氏は、この女性は持統《じとう》天皇（女帝）であろうと推理されている（「持統女帝の恋人か――柿本人麿」〔「歴史と旅」臨時増刊号『謎と異説の日本史総覧』秋田書店、一九九二年〕）。

「人麻呂は従四位下の高官であった。亡くなったとき下級官吏と同じように『死』と記されたのは、何らかの事情で降格、または罪人とされていたからであろう。『死』は正六位以下か庶人《しょにん》。五位以上は『卒《しゅう》』というとある。

大内裏（皇居や政堂）にもよく参内していたであろう。また女帝の行事にもたびたび供奉している。女帝が皇后であられるときもお供していたことだろう。大内裏には女官など女性もいただろうが、『妻とたのませ』と堂々と言う女性は見当たらない。男より身分が高いか、庇護者的な立場にある女性でなければならない。ということは女帝に辿りつく。

梅原猛氏は、人麻呂は皇后との密通により流罪、水死刑になったという説を述べている」

以上が石原氏の説の概要である。

人麻呂は高官でなく、歌が上手な舎人《とねり》のような者であったろうというのが通説のようである。それらのことなどを、現代の資料を見て検討してみよう。原書はすべて漢字であるため判読し難い。現代語訳などをされた先哲の方々に敬意を表する次第である。

『万葉集』には、「柿本朝臣人麻呂」と記されている。朝臣《あそん》（あさみ）とは何か。

「天武天皇時代制定の八姓《はっしょう》の第二位。後世、高位の者に付ける称号になった」（『新潮国語辞典　現代語・古語』）

後世に高位の称号となったというが、では天武の時代はどうなのか。『日本書紀』巻二十九・天武天皇（下）を見てみよう。

「諸氏の姓《かばね》を改めて、真人《まひと》、朝臣、宿禰《すくね》、忌寸《いみき》、道師《みちのし》、臣《おみ》、連《むらじ》、稲置《いなき》という八色の姓を制定。五十二氏に姓を賜って朝臣といった」

朝臣は第二位、しかも五十二氏だけである。柿本はその中の一人であった。天武十三（六八四）年十一月一日のことである。書紀にまで記された五十二氏が下級の人であろうか。人麻呂の職務は皇后大夫か東宮大夫の可能性が高いと思う。

廷臣を代表して、諸皇子や皇女の（死に際して）殯《もがり》の宮で挽歌を歌った。歌つくりが上手いとはいえ、下級の者がのことでしゃばって歌を捧げることはできないだろう。ちなみに人麻呂は死後、平城天皇の時代に正三位を追贈されているという。『古今和歌集』の序文に、「かの御時に正三位《おおきみつのくらい》柿本人麿なむ歌の聖なりける」とある。

人麻呂歌集に女性の歌があるのは、自分と贈答した女性の歌を書き留めておいたものであるという。

冒頭の歌が女帝の詠まれた歌であろうとの推理は、人麻呂が高官でなければあり得ないことであろう。彼の官位にこだわった所以である。「妻として頼りにしてください」と申されたことは、人麻呂が女帝に庇護され、昇進したであろうことを暗示している。

### 持統女帝と天武天皇

持統女帝（六四五―七〇二年）とはどのような女性であられたのであろうか。持統を語るには、その夫であった天武天皇、天武の兄の天智天皇のことまで遡る必要があろう。

天智は大化の改新（六四五年）で中臣鎌足《なかとみのかまたり》とともに蘇我入鹿《そがのいるか》を暗殺した中大兄《なかのおおえ》皇子である。朝鮮での新羅の侵攻から百済を守ろうとして大軍を送り、白村江《はくすきのえ》で大敗。唐・新羅の日本侵攻を警戒して九州北部に水城《みずき》をつくり、防人《さきもり》を配備したことが知られている。

天智の后《きさき》に子はなく、卑母《ひぼ》が生んだ大友皇子を直系の男子として皇太子に立てようとしたが、天智の弟の大海人《おおあま》皇子も密かに皇位を狙っていた。大友・大海人の争いとなり、大友は二十五歳で自害。「壬申《じんしん》の乱」という（ちなみに明治三〔一八七〇〕年、大友は第三十九代・弘文天皇として歴代天皇に加えられた）。

この大海人皇子が第四十代・天武天皇である。六三一？―六八六年（五十六歳か）、在位六七三―八六年。甥を殺したのである。

持統は天智の娘である。十三歳のとき実姉の大田皇女とともに、叔父に当たる大海人皇子に嫁いだ。当時は血縁関係の結婚も普通に行われていたという。同父異母の兄妹、姉弟同士の結婚もよく行われていた。ただし異父同母の結婚は忌むべきものとされていた。

大田皇女は皇女と大津皇子を生んだ。持統は草壁皇子を生んだ。草壁皇子を皇位につけようとして、謀反の嫌疑をかけ大津皇子を処刑させた。持統は甥を殺す非情さもあったのである。

しかし草壁皇子も二十八歳で若死。天武の男子は他に数人いたが、天武の没後即位させることなく、持統がそのまま天武の後を継いだ（六八六年）。即位せず天皇の位置にあることを「称制」という。六九〇年に即位。第四十一代・持統天皇の誕生である。在位六九〇（六八六）－六九七年（六八六－八九年は称制）。ちなみに天武の崩御は六八六年九月。大津皇子処刑はその翌十月のことであった。

天武は天皇を中心とした強力な統治体制の確立を目指していた。持統も天武の方針を受け継ぎ、律令国家体制の完成に努力。天武の後を継ぎ、伊勢神宮の式年遷宮、大嘗祭《だいじょうさい》などを確立した。そして国号を「倭」から「日本」と改めた。

持統は六九七年、皇太子の軽皇子（草壁の皇子）に皇位を譲った。しかし即位した文武天皇は十五歳だったので、持統は「太上天皇《だいじょう》（上皇）」と称し、天皇を後見した。これが太上天皇の最初である。持統は非情な女傑ともいうべきだろう。

夫の天武が崩御のとき、持統は四十一歳であった。女帝であったのは四十一－五十二歳の間である。なお、皇后になったのは、天武の即位は六七三年だから二十八歳のときである。「いちしろく」（はっきりと）名乗られたのは四十一歳以前と思われる。つまり皇后のときであろう。

天武と持統（皇后のとき）の仲は、どうだったろうか。六八〇年、皇后が病気になったとき（当時三十五歳）、「天武」は平癒のため奈良に薬師寺建立を発願したという（完成は文武天皇の時代）。仲のよい美談ともされているが、天武には皇后を含めて十人の后たちがいた。そして十七人の皇子や皇女を産ませている。精力の偉大さが偲ばれるというものである。

また額田王《ぬかたのおおきみ》と大海人皇子（天武天皇）との相聞歌がある。

あかねさす紫野《むらさきの》行き標野《しめの》行き　野守《のもり》は見ずや君が袖振る
（『万葉集』巻一・二〇）

紫のにほへる妹《いも》を憎くあらば　人妻ゆゑにわれ恋ひめやも
（『万葉集』巻一・二一）

このよく知られている歌について、蛇足ながら解説しよう。

女性であるから額田女王とあってよさそうだが、常に額田王と書かれている。天智天皇が猟に行かれた。弟の天武（当時は大海人皇子）も額田も従っていた。額田はかって天武の恋人であった。今は天智の妃となっている。天武が額田に袖を振ってラブコールをしている、野の番人は見つけないでしょうか、見つけられると困りますよ、というのである。

天智と天武の仲がやや不穏の傾向にあり、額田は心配しているのである。なお、この猟は薬《くすり》狩《がり》といって、薬にする鹿の若角をとるとか、薬草をとるためだそうである。

次の歌で天武は、紫のように映えて美しいあなたを憎らしく思うなら、人妻であるのに何で恋をしようか、自分から離れて兄の天智に従ったことを恨んではいない、人妻となっていても恋しいばかりだと歌っている。額田は初恋の天武を忘れかねていて、天智の要求に従ったのも、愛する天武の生命の安全と将来の帝位を守るためだったのではないかと見る人もある。

天武の後宮《こうきゅう》の中で特に天武が寵愛したのは藤原夫人《ふじわらのぶにん》（夫人とは後宮の職名の一つで、妃に次ぐ位置にある）で、機知に富んだ相聞歌を交わしている。

このように王子時代から恋の多い天武である。持統（皇后）と二人だけの時間は充分あったのだろうか。持統にすれば満たされないものもあったのではないだろうか。

## 恋多き人麻呂の生涯

さて、持統（皇后のときか）が柿本人麻呂をお側にお呼びになったのは、いつ、どんなときであったろうか。人麻呂も恐縮したことであろう。事実とすれば興味深いことである。

ちなみに持統の歌は、『万葉集』には長・短歌六首（一首は推定。本項冒頭の「いちしろく」の歌は除く）が収められている。

春過ぎて夏来《きた》るらし白栲《しろたえ》の　衣《ころも》ほしたり天の香具山《かぐやま》

（『万葉集』巻一・二八）

この持統の歌は、一般に「初夏の風情がこめられた名歌」と賛えられ、百人一首にも取り上げられているが、歌の真意はもっと別のところにあるという説がある。

大切な霊山である天の香具山に、洗濯物など干してあるはずもない。「白栲《しろたえ》」の正体は何か。梅澤恵美子氏は、「それは天の羽衣」と喝破したのである。天の香具山は、政権交替には欠かせない山である。この山の土を奪えば権力の移動が起きる。そのことを承知の上で持統天皇は天の羽衣を奪ってしまうチャンスが到来したと告げていたのである。

（関裕二『天皇家誕生の謎』講談社、一九九九年）

『万葉集』には、「人麻呂作」と記されているものが短・長歌合わせて八十首ほどある。その他に「柿本人麻呂歌集」の歌とされるものが短・長歌合わせて三七〇首ほどあり、総計約四五〇首と膨大な数になる。大伴家持《おおとものやかもち》の四七九首に次ぐ。ちなみに『万葉集』は約四五〇〇首である。

歌は多いが、彼の生涯はほとんど不明である。記録がないので生没年、経歴、亡くなったときの状況など、「歌」にしか情報がない。ところが、彼の歌を読めば読むほど、またわからなくなるのである。そのことを超えて彼の「存在」は永遠である。それは秀歌を多く残しているからである。その略歴を引用する。

柿本人麻呂　技巧自在の宮廷歌人

持統称制期より儀礼歌の作者としてみえ、以後、草壁・高市《たけち》・川嶋の諸皇子、飛鳥皇女の殯宮《もがりのみや》で挽歌を歌い、持統帝の紀伊行幸・吉野出遊等に供奉《ぐぶ》し、軽《かる》・長《なが》・忍壁《おさかべ》・新田部《にいたべ》・舎人《とねり》の諸皇子と交流があった。宮廷出仕中の官は不明だが、国司等で筑紫《つくし》に赴《おもむ》き和銅の頃に石見《いわみ》で没した。没時に「死」とあり、六位以下の下級官吏に終始したことがわかる。

彼は宮廷歌人として奉仕し、宮廷の人の立場で称讃したり廷臣を代表して皇族の死の感傷を詠《うた》った。その長歌は、穏やかに始まり、主題に入ると荘厳さを帯び、感情が高揚するや激越な高い格調で人の胸に迫るという手法が多い。枕詞、序詞、対句を繰り返し、擬人比喩などの技巧は自在であり、単純な感動を複雑に深刻に表現してみせる。

（『読める年表・日本史』自由国民社、二〇〇三年）

万葉歌人。三十六歌仙の一。持統・文武朝に仕え、六位以下で舎人として出仕、石見国の役人にもなり讃岐国などへも往復、旅先（石見国か）で没。（略）後世、山部赤人とともに歌聖と称された。生没年未詳。（新村出編『広辞苑』第二版、岩波書店、一九七七年）

その他いずれも、下級官吏で歌の上手な舎人のような者であったというのが定説のようである。よく知られている短歌では、

東《ひんがし》の野にかぎろひのたつ見えて　顧《かへり》みすれば月傾《かたむ》きぬ　（『万葉集』巻一・四十八）

今は亡き草壁皇子の猟のともをして野宿した日のことを思い出しているらしい。

淡海《あふみ》の海夕浪《ゆうなみ》千鳥《ちどり》汝《な》が鳴けば　心もしのにいにしへ思ほゆ　（『万葉集』巻三・二六六）

（夕闇せまる琵琶湖で飛び交い鳴く千鳥よ。そんなに恋しそうな声を立てると、私は胸をしめつけられるようにせつなく、ありし志賀の都のことが思い出される）

天智天皇造営の大津の宮も壬申の乱のため荒廃した。十数年後、人麻呂がこの廃墟の宮址を見て、ありし日を偲んで歌ったのであろう。彼の代表作といわれている。

秀歌を多く残した人麻呂の官位問題などは、末梢の問題とも思われるが、后と密通して流罪にされたという伝承まで伝わっていると聞けば、その足跡を辿らねばならぬ。しかし、そのためには彼の歌を辿る道しかないのである。石見に流罪になり水死刑に処せられたという。罪人だから「死」というのである。

① 柿本朝臣人麻呂《かきのもとのあそみひとまろ》の妻の死《みまか》りし後、泣血哀慟《なきかなし》みて作れる歌

（前略）軽《かる》の路《みち》は　吾妹子《わぎもこ》が　里にしあれば　ねもころに　見まく欲しけど　止まず行かば　人目を多み　数多《まね》く行かば　人知りぬべし（略）軽の市に　わが立ち聞けば　玉襷《たまだすき》　畝火《うねび》の山に　鳴く鳥の　音も聞えず　玉桙《たまほこ》の　道行く人も　一人だに　似てし行かねば　すべをなみ　妹が名喚《よ》びて　袖そ振りつる　　　　　　（『万葉集』巻二・二〇七）

（軽への道は、私の妻が住んでいる里であるから心をこめて行って見たいけれど、終始行くと、人目がはばかられるので、度々ゆくと人が知ることになるので、〔後になって逢うことにしようと思っていると、妻はこの世を去ってしまったと使が申します〕軽の市に私が立って聞いていますと、畝傍の山に鳴く鳥のようには妻の声も聞えず、道を行く人も一人だけでも妻に似た人は行きません。それでどうしようもなく妻の名を呼んで袖を振りましたよ）

②（前略）吾妹子が　形見に置ける　緑児の　乞い泣くごとに　取り与ふる　物しなければ　男じもの　わきばさみ持ち　吾妹子と　二人わが宿《ね》し　枕づく　つま屋の内に　昼はもうらさび暮し（略）大島の　羽易《はがひ》の山に　汝《な》が恋ふる　妹はいますと　人のいへば　石《いは》根《ね》さくみて　なづみ来《こ》し　吉《よ》けくもぞなき　うつせみと　おもひし妹が　玉かぎる　ほのかにだにも　見えぬ思へば　　　　　　（『万葉集』巻二・二一〇）

（わが妻の形見に残した緑児の乳を乞うて泣くごとに、与える物もないので、男であるのに子をわきにはさんで抱き、妻と二人寝た部屋の内で、昼はまあ心さびしく暮し〔略〕大鳥が羽で抱いたような形をしている山に、わが恋うる妻はいると人が言うので石根を踏み破ってあえぎながら来たが、吉《よ》いこともなかった。この世にいると思った妻がほのかにも見えないのを思うと）

或本の歌に曰く

（前略）なづみ来《こ》し　好《よ》けくもぞ無き　うつそみと　思ひし妹が　灰にてませば

（『万葉集』巻二・二一三）

③　石見の国より妻に別れて上り来るときの歌

石見のや高角山の木の間より　わが振る袖を妹見つらむか

（『万葉集』巻二・一三二）

④　石見の国に在りて死に臨めるとき自ら傷《いた》みて作る歌

鴨《かも》山の岩根し枕《ま》けるわれをかも　知らにと妹が待ちつつあらむ（『万葉集』巻二・二二三）

（鴨山の岩を枕として死のうとしている私のことを知らないで妻は待っているのであろう）

⑤　柿本朝臣人麻呂死するとき妻依羅娘子《よさみのおとめ》の作る歌

今日今日とあが待つ君は石川の　貝（または谷）に交じりてありと言はずやも

（『万葉集』巻二・二二四）

（今日は帰られるか、今日は帰られるかと私の待っていたあなたは石川の貝にまじってすでに亡くなられたと言うではありませんか）

（①―⑤の現代語訳は久松潜一『万葉秀歌』〔講談社学術文庫〕による）

①は、妻が亡くなったのに、人目につくと悪いので今行くわけにもいかないというのであるから、隠し妻か不倫の恋か。

②は、わが妻は乳児を残して亡くなった、子と二人だけになって淋しいものだ、というから正妻であろうか。また、「或本の歌に曰く」の第二一三首では「灰にてませば」とある。火葬されたのであろう。

③は、任地の石見の国を引き揚げることになった、愛する妻は私が振っている袖を見たことであろう、というのであるから現地妻であろうか。依羅娘子《よさみのおとめ》という。

④は、妻が、人麻呂が死に瀕していることを知らないで待っている。石見の彼女に知らせることもできなかったのか。そのとき彼女は遠方にいたのか。死因も病死か溺死か。石見で死んだことは題詞から見ても確実である。どうして石見へ再び来たのかもわからない。

⑤の石川は鴨山近くの川で、貝に交じりてということは海辺に近い川であろうか。「貝」が「谷」であるとの説もある。このことについて詳しく考察された著書に、梅原猛『水底の歌 柿本人麿論』(新潮文庫、一九八三年)がある。

これらの歌が事実を歌ったものだとすると、石見の国へは、水死刑のために移送されてきたのではないだろう。私の推理は次のようなものである。

人麻呂は何らかの事件で石見の国に左遷された。石見の国の最高ポスト国守《くにのかみ》でさえ従六位下という。従四位下（今の局長級か）の人麻呂が七階級も下に格下げされ、しかも僻地である。これは左遷というより流罪であろう。

一旦は石見を引き揚げることがあったようであるが（不詳）、結局、石見の国で病死か、何か水に関係ある事故で亡くなったのであろう。看《み》とる人となく一人淋しく息を引きとったのである。

持統帝の庇護により異例の昇進をし、その庇護を失うと失脚したのであろうとの説もある。後年、正三位を追贈されたとのことであるが、恨みをもって死んだ人が怨霊として祟《たた》るのを恐れて祀るという風習によるものであろう。現在も歌の神として各地の人丸《ひとまる》神社に祀られているという。正三位というのは、もともとが高官であったことを示唆している（正三位というのは、正確な記録ではないとの説もある）。

**事実かフィクションか**

ここでまた持統帝に戻る。前述の石原秀晃氏は、②の「或本の歌に曰く」の歌について、甚だ興味あることを述べている。

歌の結びでは、妻は火葬され「灰になってしまわれた」と嘆いている。当時は、渡来系の陶工を除けば、火葬は一般に普及していない。当時、火葬されたことが確実なのは、道《どう》昭《しよう》という僧侶（引用者注・遺言による）と持統女帝だけだ。

（「持統女帝の恋人か――柿本人麿」）

なるほど、①と②の歌は女帝のことを歌ったのだと見ると納得がいく。もちろん人にわからぬよう緑児《みどりご》まで出して、いろいろカモフラージュしているわけである。私も、①と②はフィクションだと思う。

柿本人麻呂は、賀茂真淵《かものまぶち》（一六九七―一七六九年）などの国学者や歌人たちによっていろいろと研究されている。その履歴の記録はなく、しかも空想したことまで詠み、歌を楽しむとは人麻呂も「人が悪い」。後世の者にわかるはずもない。

ある歴史学者は、「人麻呂の作品には、その次の時代と違ってフィクションによる制作は全く見出せない。かれは、常に事に即してその経験を歌う。（略）私は、作品に導かれて、その実在を追いつづけた」と述べている（北山茂夫『柿本人麻呂論』岩波現代文庫、二〇〇六年）。実に緻密な探索・追究をされている。いつ、いかなるときに誰がどうしていたか、誰のことを歌ったのかなど、真実を知りたいというのである。それが学究というものであろうが、結局は、死んで何もわからないのである。

門外漢の私から見れば、人麻呂自身が恐縮しているのではないかと思う。彼は、もっと自由な発想で歌をエンジョイしているのではあるまいか。フィクションは歌をなお豊かにする。

ここに述べた「ある歴史学者」も、⑤の石見の妻・依羅娘子の歌について、「誰かの（都人士の）、娘子に仮託しての作ではないかという想像を生じてくる」と述べている。

人麻呂の死について、歌集の編者が加えたものであろうが、要するに、少しはフィクションの歌もあり得るのだろうと、やっと気づかれているようである。

人麻呂歌集には、女性が詠んだと思われる歌もある。冒頭にあげた「隼人の名に負ふ」の歌もその一例である。これも人麻呂が女の身になって作った歌と考えられないこともない。

全部がフィクションでなければ、「妻とたのませ」と人麻呂に告げた内裏内の女性がいたことは、詠み手が男女どちらかにかかわらず、存在していたのである。フィクションだとしても、その女性の人麻呂に対する思いを人麻呂が感じとっていて（または想像して）、それを詠んだのであろう。

内裏の女性は、人麻呂にとって「崇高な恋人」であった。

人麻呂と女帝との親密な関係が、少なくとも公的にあったことは明白であり、宮廷歌人としての役を与え、またその栄進を促進したのは、皇后時代からの持統であった。

「崇高な恋人」の死によって、人麻呂は恋と人生を失っていくのであった。

# 隼人の吠声

**隼人の由来**

別項で「隼人《はやと》」の言葉がある『万葉集』の歌一首を紹介した。

隼人《はやひと》の名に負《お》ふ夜声《よごえ》いちしろく　わが名は告《の》りつ妻とたのませ

隼人たちが夜の警備をしている内裏《だいり》（皇居）の中での逢引のあと、女性が詠んだ歌である。作者は不詳。隼人と濡れ場との組み合わせが珍しい。約四五〇〇首もある『万葉集』の中で、他に「隼人」とあるのはどの歌だろうか。ざっと瞥見《べっけん》したところ、次の二首を見つけた。

隼人の湍門《せと》の磐も年魚《あゆ》走る　吉野の滝になほ及《し》かずけり　（『万葉集』巻六、九六〇）

隼人の薩摩の迫門《せと》を雲居なす　遠くもわれは今日見つるかも　（『万葉集』巻三、二四八）

隼人は薩摩の枕詞であろう。いずれも望郷の歌である。

隼人が皇居の警備とはどういう由来か。隼人と熊襲《くまそ》は別なのか。熊襲は東北の蝦夷《えみし》と同じく朝廷の征伐の相手であり、野蛮、悪者のイメージである。隼人は近代の薩摩人そのものであるかどうか。隼人の由来を辿ってみよう。

『古事記』『日本書紀』の神代の項を読んでみた。

海幸彦、山幸彦の、九州の南の海での詩情豊かな物語。もちろん神話はフィクションであろうが、文学的作品としても貴重な遺産であろう。明治の画家・青木繁の絵「わだつみのいろこの宮」もこれを描いたものである。

この物語にも「隼人」が登場する。ストーリーは省略するが、兄の海幸彦が弟の山幸彦に「いじめ」を行うので、山幸彦は海神から習った、潮を打ち寄せる術で兄をこらしめるのである。海幸彦は溺れないように手足を動かし体をよじり、踊り回らねばならなかった。

この海幸彦の子孫が「隼人」であり、「海水に溺れたときの様々のしぐさを演じて宮廷に仕へたり。代《よ》に吠《ほ》ゆる狗《いぬ》して奉事《つかへまつ》る者なり」「昼夜《ひるよる》の守護人《まもりびと》」となったとある（『古事記』）。皇居の警備をし、邪を祓うためであろう犬の吠声も出し、大嘗祭などには隼人舞を演じたのである。

この兄弟はニニギノミコトの子である。山幸彦の孫がカムヤマトイワレヒコ、後の神武天皇である。

隼人の祖は、神武天皇の祖父の兄であるということになる。犬の吠声を出すという隼人のイメージとは異なって、「かしこくも皇族の祖であるぞ」となる。このことは、大和朝廷の対隼人政策がいかに重要であったかを示唆しているといえよう。

「クマソ」は熊国《くま》と曾国《そ》という九州南部の古称で、肥後（熊本）の球磨《くま》と大隅（鹿児島）の贈於《そお》か。また、その種族を指す。熊襲という恐ろしい字は、いつから使用されるようになったのだろうか。『古事記』のヤマトタケルのときは「熊曾」である。

朝廷の派兵がしばしば行われているので、その都度、反乱を起こしたように見えるが、クマソの国がすこぶる強大なため、朝廷はその抹殺・消滅を願ったのではないだろうか。

ちなみに後年、服属したクマソは「ハヤト」と呼ばれるようになったとの説もある。しかし『古事記』にはすでに「火照命《ほでりのみこと》、こは隼人阿多君の祖なり」とあり、昔から「隼人」という名はあったのである。ホデリノミコトとは海幸彦のことである。

第十二代・景行《けいこう》天皇（年代不詳）は、熊襲がそむいて貢物を奉らなかったので筑紫（九州）に向かった。襲の国を平らげ、また熊県《くまのあがた》（熊本県球磨郡）の熊襲も討った。しかし、その後再び熊襲がそむいて辺境をしきりに侵した。そこで、ヤマトタケルノミコト（十六歳）を遣わして熊襲を討たせたのである（『日本書紀』）。なお、『古事記』では、景行は出陣せず、初めから子のヤマトタケルを遣わしたことになっている。

第十四代・仲哀《ちゅうあい》天皇（三六二年没か）はヤマトタケルの第二子である。熊襲を討とうとしたが、勝てずに帰ったという（『日本書紀』）。

その後、記録は少ないようであるが、七〇二年、七〇九年に騒擾があったらしい。第四十四代・元正天皇の養老四（七二〇）年、隼人が反乱を起こし大隅国守を殺害した。政府は大伴旅人を西下させた。一年余の戦いであった。以後、反乱はなかったという。

## 朝廷の隼人懐柔政策

隼人は本拠地により大隅隼人、日向隼人、薩摩隼人と呼ばれるが、五世紀頃から七ー八世紀にかけて朝廷に帰順していったようである。古くは、仁徳天皇（四二〇年代か）の皇子の近習として、相撲をとったり隼人舞を舞ったりした。特産物の貢納も行ったとある。

また七世紀後半頃から京、奈良への強制集団移住もなされた。その頃より隼人の朝廷での活躍が目につく。

天武の喪《も》に際して「隼人の大隅、阿多（鹿児島西部）の首魁が仲間を率いて参列」「隼人の三三七人に物を賜わった」「大隅隼人と阿多隼人が朝廷で相撲をとり大隅隼人が勝った」「隼人に饗を賜った」などの記録がある（『日本書紀』）。七世紀後半から内裏（皇居）の警備に当たるようになった。

政府は隼人の上層者、諸豪族に位階を授けて懐柔《かいじゅう》政策をとり、また大隅、薩摩には本土から移住民を送り隼人の上位に立たせた。その数九千人、両国人口の七分の一に当たると記録されている。

はるばる九州の南端からの朝貢は極めて困難なため、霊亀二（七一六）年、隼人の訴えにより朝廷への献上は六年おきになった。養老七（七二三）年の朝貢は、通常の二倍に当たる六二四人の参加といわれる。

延暦二十（八〇一）年、隼人の朝貢は終わった。以降、朝廷の式には畿内に移住の子孫が参加している。南九州の隼人は消滅したといってよい。

京、奈良への集団移住は、五世紀頃から小規模なものは行われた可能性はあるが、『日本書紀』天武十四（六八五）年六月二十日に「大隅直《おおすみのあたい》ら（姓名略）合わせて十一代に姓を賜わって忌寸《いみき》といった」とある。畿内豪族として姓を賜ったので、本格的な集団移住は七世紀後半には行われていたことになる。

畿内に強制移住させられた隼人たちは、諸種の税を納めた。そのほか交代で朝廷に上番し、竹製品をつくったり、儀式に駆り出されたりした。内裏の警備を行い、儀式では舞をまったり、吠声を発して邪霊を祓うマジナイを行ったりする役目が負わされていたという。「隼人の楯」というものがあるが、これは「楯伏《たてふし》」の舞に用いられたものと考えられ、楯を伏せて服属していることを表現する服属儀礼であろうといわれる。

このように隼人たちは天皇への服属を繰り返し誓わされていたのである。宝亀六（七七五）

年には隼人司《はやとのつかさ》（畿内移住系の隼人を統括する）の長官に畿内隼人の大住忌寸が任命されている。これは、隼人の上層部は集団から次第に遊離し、国家・政権側に加担していくわけで、朝廷の融和策の成果を示しているといえる。

## 薩摩武士は隼人か

日本史では「隼人の反乱」といわれるが、前述のように朝廷が侵攻してきたのであり、生活防衛のための「抗戦」であったのではないだろうか。川越政則氏が『薩摩民衆支配の構造』（南方新社、二〇〇〇年）の著者・中村明蔵氏に語られたという興味ある話がある。それは、「薩摩は、日本を相手に三度戦った」というのである。その一は、大伴旅人を相手に苦しめた。その二は、豊臣秀吉の征討を受けた。その三は、西南戦争であるという。

「隼人」は被征服民なのである。幾度の戦争を必要とした、極めて強大な「独立国家」といえるほどの民族だったのである。

七世紀頃の隼人の内裏の警備、宮中の祭祀への参加など、単なるガードマンではなく、深い信頼関係のもとでの委嘱であったとみなされる。かっての強大国の末裔《まつえい》たちという認識も朝廷側にはあったのではなかろうか。犬の吠声を出させるという侮蔑《ぶべつ》ともいえる強制は、隼人の勇猛さへのかっての恐怖心を押し込めてしまうため、そして自らの安心のために行われたのではなかったか。侮蔑と畏敬《いけい》、微妙な対隼人観があったように思う。

現代、「薩摩隼人」という語句が焼酎の名前にまで使われ、江戸時代の島津藩士のイメージとして使用されている。鎌倉時代の建久八（一一九七）年頃、惟宗忠久《これむねただひさ》が頼朝の命で薩摩に入り、島津荘園の名をとって苗字とした。また、隼人の郷にも外来者を移住させて、支配階級にしようとしたのである。

薩摩藩武士が古代隼人の血流を引くものとの認識については、その根拠は希薄のようである。薩摩武士すなわち隼人というには異和感がある。

ここで冒頭の短歌に戻る。

「隼人の名に負ふ夜声いちしろく」、つまり「勇猛勇敢であった隼人たちらしく、はっきりと出している声のように」というのである。犬の吠声に対する侮蔑の認識は見られない。比較の対象に唾棄《だき》すべきものを置くはずはなかろう。私は、歌を詠んだ女性の、隼人へのほのかな畏敬さえ感じるのである。

朝廷の対隼人対策には、賤民《せんみん》という認識も見え隠れするが、隼人を皇祖皇宗の末裔とする記述が『古事記』に見られるのは興味深い。

ちなみに、この短歌を詠んだのは、持統女帝であろうということを別項で述べた。その頃、内裏の警備に従事していたのは、畿内などに移住させられた隼人たちであろうが、九州南部の隼人たちはその後、三十余年後にも政府軍と戦っていると記録されている（持統の称制は朱鳥元〔六八六〕年から、大伴旅人の出陣は養老四〔七二〇〕年である)。

柵戸《きのへ》(柵の中の民家に住まわせた屯田兵)が天平神護二(七六六)年にも存続していたこと、国衙《こくが》(国司の役所)は城柵的構造であったらしいことも知られ、鎮撫の困難さが窺われる。

内裏警備の隼人たちは、いわゆる現役兵であり、宮廷の強力な親衛隊であったということができよう。

# 後南朝閑話（一）

## 北朝と南朝

明治四十三（一九一〇）年、幸徳秋水らの「大逆事件」の公判が十二月十日より行われた。明治天皇暗殺の計画であったという。

二十四名に死刑判決。恩赦があり、残りの十二名についてのみ翌四十四年一月、死刑が執行された。早い執行であったが、充分に審議されたのであろうか。

公判のとき幸徳は、「今の天皇は北朝系統である。北朝は正当である南朝の皇位を奪ったのであるから、これを弑《しい》しても構わない」と陳述したという。このことは、当時司法官として法廷にいた故小山松吉氏（司法大臣）より、滝川政次郎氏（法学博士）が直接聞いたということを、その著書で述べておられる。

昭和になると、今次大戦敗戦直後、名古屋の雑貨商・熊沢寛道氏が「南朝の後裔であり、皇位継承の権利は自分にあり」と名乗り出て、日本中で有名になった。アメリカの雑誌「ライフ」にも掲載されたという。筆者の年代（昭和五年生）では知らぬ者はいないほどマスコミを賑わしたものである。昭和二十六（一九五一）年一月、東京地裁に「裕仁《ひろひと》天皇不適格確認の訴え」を提起したが、この訴訟は直ちに却下された。

近頃は南朝の子孫であるという人の話もほとんど聞かなくなったが、今まで二、三そういう話題があったものである。


南北朝正閏論《せいじゅんろん》について、明治四十四年、北朝系の明治天皇が南朝を正統とすると決められたことは、別項「幕末オールスター写真の謎」に述べている（ちなみに、「正閏」とは正統と閏統、閏統とは正統でない系統、系統とは一族の血統と辞書にある）。

では、南北朝とはいかなる由来によるものなのか、確執はどうであったかなど、歴史を繙《ひもと》いてみようと思う。

戦前の歴史の教科書は、鎌倉幕府の滅亡、足利幕府の成立に至る過程で、南朝の後醍醐《ごだいご》天皇（在位一三一八―一三三九年）に味方した楠木正成《くすのきまさしげ》、新田義貞《よしさだ》などは忠臣であり、一方の足利尊氏《あしかがたかうじ》は極悪の逆臣であったと教えていた。尊氏は勝手に天皇までつくり出して皇統を乱した。足利幕府の三代・義満も天皇になろうとした悪人であるというのである。

足利幕府成立までの南北朝の争いについては、本項では述べない。南北朝が講和して後、南朝方が約束違反の不当な処遇に再三蜂起を繰り返した事件、その皇統はどうなったかなど、いわゆる「後南朝《ごなんちょう》」と称されていることについて、主に述べることにする。

## 後南朝の歴史

八十八代・後嵯峨《ごさが》天皇（在位一二四二―四六年）と皇子二人、すなわち後の後深草と亀山天皇兄弟との親子間のもつれから二つの系統に別れた（後深草系は子の伏見が持明院殿に住んでいたので持明院統〔北朝〕。亀山系は子の後宇多の御所に因んで大覚寺統〔南朝〕と称す）。

ここで次頁の皇室略系図をご覧いただきたい。

南朝は後醍醐から後亀山《ごかめやま》（在位一三八三―九二年）までの四代。北朝は光厳《こうごん》（在位一三三一―三三年）から後小松《ごこまつ》（在位一三八二―一四一二年）までの六代、一三三一年から一三九二年までの約六十年間、南北二人の天皇が並立していたのである。各々の在位期間を並べてみると、一三三四―三五年のみは南の天皇だけのようである。

ところで、この皇室略系図では、北朝の天皇五人は系統に入っていない。これは明治四十四（一九一一）年に南朝が正統と決められたからである。

平成の現在、今上天皇はこの系図では一二五代に当たられる。では、神武天皇以来一二五人目かといえば、そうではない。別に北朝のこの五人がおられる。それに二回即位された方が二人（いずれも女帝）であるから、「一二五＋五－二＝一二八」で一二八人となる（神武から数代は不正確ではあるが）。ちなみに皇室系図も明治になる前までは、北朝を正統として数えていたようである。

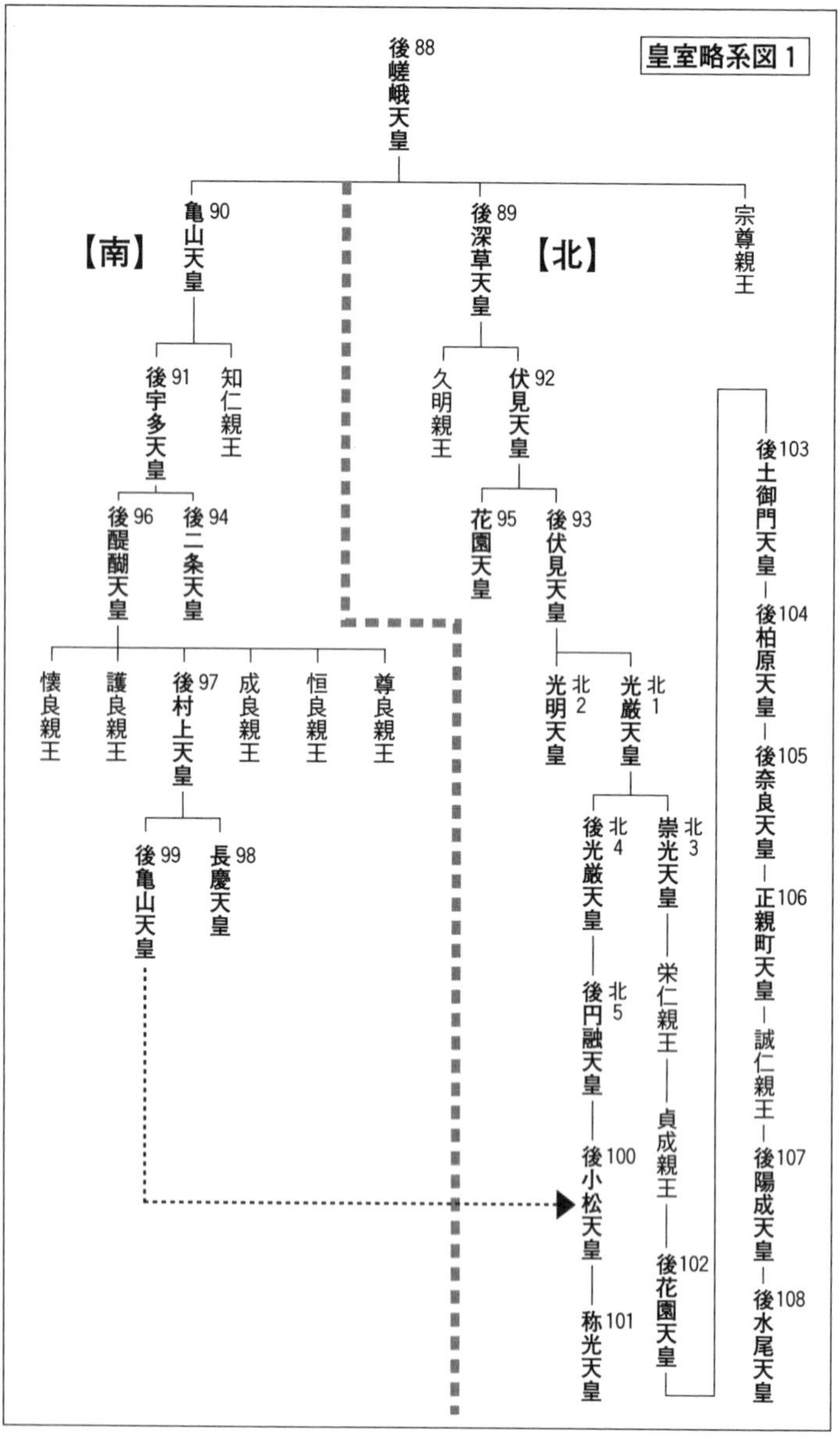
皇室略系図 1
後嵯峨天皇 88
【南】
【北】
亀山天皇 90
後深草天皇 89
宗尊親王
後宇多天皇 91
知仁親王
久明親王
伏見天皇 92
後醍醐天皇 96
後二条天皇 94
花園天皇 95
後伏見天皇 93
懐良親王
護良親王
後村上天皇 97
成良親王
恒良親王
尊良親王
光明天皇 北2
光厳天皇 北1
後亀山天皇 99
長慶天皇 98
後光厳天皇 北4
崇光天皇 北3
後円融天皇 北5
栄仁親王
後小松天皇 100
貞成親王
称光天皇 101
後花園天皇 102
後土御門天皇 103
後柏原天皇 104
後奈良天皇 105
正親町天皇 106
誠仁親王
後陽成天皇 107
後水尾天皇 108

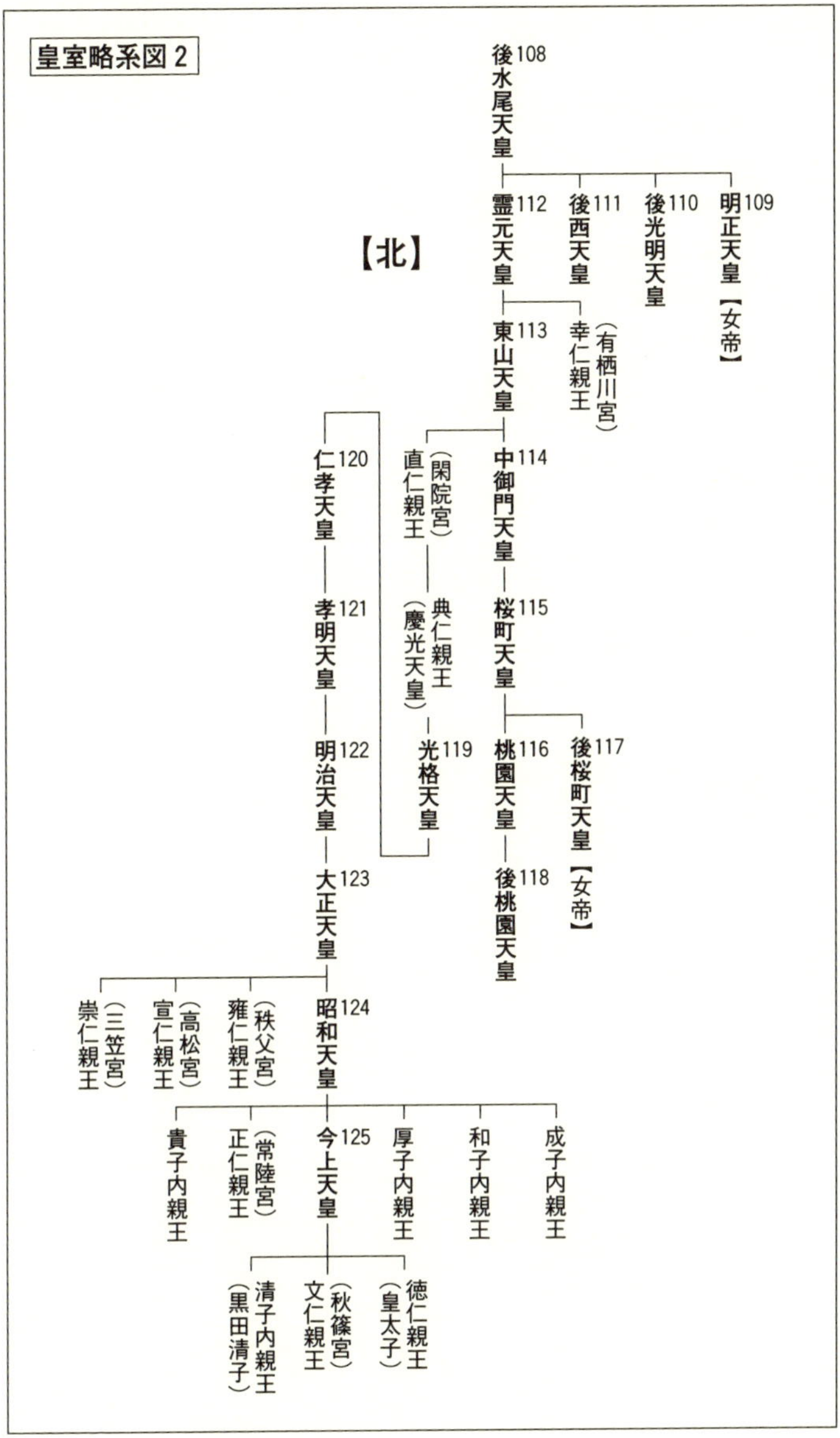
皇室略系図 2
【北】
108 後水尾天皇
109 明正天皇【女帝】
110 後光明天皇
111 後西天皇
112 霊元天皇
幸仁親王（有栖川宮）
113 東山天皇
直仁親王（閑院宮）
114 中御門天皇
典仁親王（慶光天皇）
115 桜町天皇
116 桃園天皇
117 後桜町天皇【女帝】
118 後桃園天皇
119 光格天皇
120 仁孝天皇
121 孝明天皇
122 明治天皇
123 大正天皇
124 昭和天皇
雍仁親王（秩父宮）
宣仁親王（高松宮）
崇仁親王（三笠宮）
成子内親王
和子内親王
厚子内親王
125 今上天皇
正仁親王（常陸宮）
貴子内親王
徳仁親王（皇太子）
文仁親王（秋篠宮）
清子内親王（黒田清子）

■南北朝天皇在位期間

（＊は南朝）

| 代 | 天皇 | 在位期間（1300年／1350年／1400年／1450年） |
| --- | --- | --- |
| ＊96代 | 後醍醐天皇 | ＊1318――1335 |
| 北朝１代 | 光厳天皇 | 1331-1333 |
| 北朝２代 | 光明天皇 | 1336――1348 |
| ＊97代 | 後村上天皇 | ＊1339――1368 |
| 北朝３代 | 崇光天皇 | 1348-1351 |
| 北朝４代 | 後光厳天皇 | 1352――1371 |
| ＊98代 | 長慶天皇 | ＊1368――1383 |
| 北朝５代 | 後円融天皇 | 1371――1382 |
| ＊99代 | 後亀山天皇 | ＊1383――1392 |
| 100代 | 後小松天皇 | 1382――1412 |
| 101代 | 称光天皇 | 1412――1428 |
| 102代 | 後花園天皇 | 1428――1464 |

明徳三（一三九二）年、足利義満の政治的および外交的手段によって両朝合体が実現した。

後亀山から後小松へ、「譲国《じょうこく》の儀式」をもって三種の神器を引き渡す。返還ではなく、正当に所持していたものを渡す。すなわち、渡す方が所持していたことの正当性を、受け取る方も認めるという意味を持つのである。

また今後、皇位の継承は旧南北双方の「相代《あいがわり》」、つまり交代で行う（天皇は南北双方から交代で出す）。旧南朝の君臣の活計のために、旧南朝に諸国の国衙領《こくがりょう》（国の領地）を支配させる。このような条件であった。

神器は明徳三年閏十月五日に北朝・後小松天皇の土《つち》御門《みかど》内裏に移されたのであった。

ところが、儀式も行われず、後亀山に太上天皇（上皇）の尊号を与えるという約束も、与えはするが、あくまで「不登極帝《ふとうきょくてい》」、つまり正式には即位しなかった帝に特別に与える尊号という扱いにした。しかも、尊号が与えられたのは明徳五年二月のことであった。さらに、後小松の後は旧南朝から即位する約束も反故《ほご》にされたのである。国領地の支配にしても、在地勢力による領有が進行していて、ほとんど実体のないものであった。

これらは、義満が初めから後南朝封じ込めを図っていたことを示している。特に皇位継承の不履行は、旧南朝の君臣を怒りと失望のどん底に突き落としたことであろう。

後亀山上皇は皇子の小倉宮恒敦を即位させようと企て吉野に出奔した（応永十七〔一四一〇〕年）。

正長元（一四二八）年、後亀山の孫、二代目小倉宮聖承は七月に嵯峨を出奔して伊勢に至り、伊勢国司・北畠満雅の挙兵に担がれ、満雅が敗北すると京都に戻った。子息・教尊を六代将軍・足利義教《よしのり》の猶子として出家させ、自らも永享三（一四三四）年に出家して聖承と名乗った。

聖承の子息・教尊は嘉吉三（一四四三）年の「禁闕《きんけつ》の変」との関連を疑われて、幕府に捕らえられ流罪に処された。ときに二十五歳であった。嘉吉三年九月、源尊秀（高秀。後鳥羽院の後胤ともいう）が南朝皇胤の二人の禅僧を奉じて内裏を襲撃、三種の神器の一つ神璽《しんじ》が吉野にもたらされた。これを「禁闕の変」という。

長禄元（一四五七）年十二月、赤松氏の遺臣が吉野の奥、北山・川上の南朝皇胤の一宮、二宮を殺害。神璽を奪ったが、すぐ郷士たちに取り返された（翌二年三月末、宮たちの母の在所に乱入。神璽を再び奪った）。一宮は自天王、尊秀王、北山宮ともいわれ、当時十八歳。弟の二宮（忠義王、河野宮）は十六歳。弟宮は難を逃れたとの説もあるという。これを「長禄の変」という。両宮の世系は明らかではないとのことである。

文明二（一四七〇）年三月、南朝の遺臣・小倉宮の皇子を奉じて紀伊に挙兵。

文明三年閏八月、西軍の山名宗全、大覚寺党の小倉宮の末裔の王子を主として仰ぎ、「南帝」と称した（応仁の乱）。

文明五年三月、山名宗全没。これを機に「南帝」も消え失せた。

文明十一年七月、小倉の末裔の王子、東国（越後）に落ち行く。のち越前に至るという（ちなみに、この宮の末裔がのち熊沢氏と称したという。昭和の熊沢氏はその子孫だと主張。これを歴史家は認めていないようである）。

奈良県吉野郡川上村では、自天王、忠義王を偲び、毎年二月五日に式典が行われてきた（御朝拝式）。平成十九（二〇〇七）年には川上村の金剛寺で五五〇年の記念祭が行われた。自天王の鎧《よろい》、兜《かぶと》、大刀（国重要文化財）は毎年二月五日にのみ拝観できるということである（「検証後南朝秘録」〔「歴史読本」二〇〇七年七月号、新人物往来社〕）。

後南朝の歴史は約百年、実質的には文明年間に消滅したのである。

昭和の熊沢天皇も歴史学界では否定されているが、本人にしてみれば、先祖から伝えられた史料によって主張していたのであろう。そして、その史料が祖先の時代に仮に捏造されたものであったとしても、熊沢氏本人としては人を騙す気持ちはなかったのではないだろうか。北朝は平成の現在も続いている。南朝にも生き残った人があるはずである。その血統の人が一人もいなくなるとは考えられない。

新しい史料などが見つかったときは、遠慮なく名乗り出てもらいたいものである。

## 足利義満のこと

余話として、足利義満（一三五八－一四〇八年）のことを述べるとしよう。

天皇になろうとした人間としては、平将門や弓削道鏡などがある。将門は東国での国王たらんとしたのであって、新皇と称することを目的としたのであり、日本国全体の天皇ではない。また、彼は桓武天皇五世の孫で、天皇家の血を引く人でもある。五世の孫で天皇になった先例がある。第二十六代・継体天皇である。道鏡の場合は、孝謙女帝が所望したものである。実質的に「天皇」になったのは義満一人であろう（ただ一つ、血統を除けばである）。

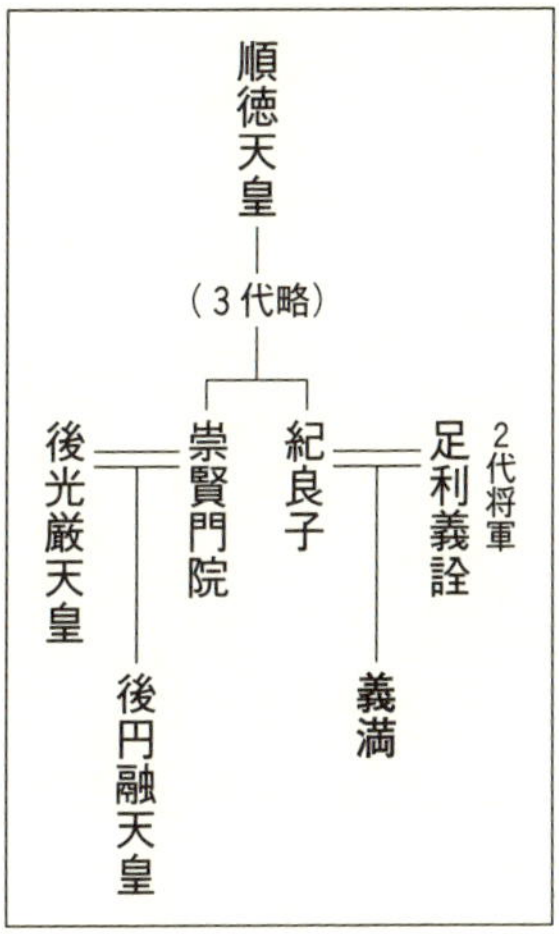

義満と皇室の関係図

義満には、皇族、関白、公家たちもお供をした。ある外出のときも、天皇の行幸と同じ格式を用意させている。

京都御所の清涼殿（京都市上京区）

その当時の天皇は、今でいえば、本願寺の長といったところだったのではあるまいか。最愛の二男・義嗣《よしつぐ》を天皇の位につけ、自分は上皇の座につこうとした。義嗣の元服の式は内裏（皇居）の清涼殿において、天皇の面前で親王に准じた儀式で行われた。

応永四（一三九七）年、西園寺家に献上させた土地に宏壮な「北山殿」をつくり、栄華を誇った。その中の舎利殿は鹿《ろく》苑《おん》寺《じ》・金閣（俗称・金閣寺）として、今なお観光面で貢献しているところである。

血統といえば、義満は男系では皇室の血筋はゼロであるが、彼の母の妹が後光厳天皇の皇后であり、したがって後光厳の子の後円融天皇（北朝五代）とは従兄弟《いとこ》同士となる。

英雄色を好むというが、彼には側室も多く、また天皇夫人や皇族、公家の夫人たちにまでタッチしたとのことである。後円融夫人と密通し、後小松天皇は彼の子ではないかともいわれている。

後小松の子の称光天皇に子がなく、後小松は貞成親王の皇子を猶子に迎え、称光が崩御すると即位させた（一〇二代・後花園天皇）。

金閣寺（京都市北区）

称光には庶兄（妾腹の子）がいた。有名な「一休さん」こと、禅僧・一休宗純である。後小松が義満の子とすれば、称光も一休も義満の孫ということになる。万一、一休を還俗させて天皇（一〇二代）となし、その子が後を継げば、天皇家の血統は絶えていたことになるわけである。「足利皇室」となったであろう。後小松は真相を知っていたかもしれない。

義満は国内では天皇の格式を持ち、対外的には大国・明より「日本国王」に任じられた。織田信長を超えるといえる。そういう意味では、日本一の英傑（政治家）ではないだろうか。

絶頂期に突然発病、急死した。朝廷関係者による毒殺説もあるという。そして朝廷は、亡くなった義満に「太上天皇」、つまり「上皇」の尊号を贈ることを決めた。朝廷が義満を殺したため、彼の怨霊がたたらないように「追贈」という行為を行ったのではないか。

また一方では、義満は宣下を受ける資格があったのではないか、つまり義満は天皇（後小松）の本当の父であったのではないかという説もある。初めてこのことを指摘したのは、作家の海音寺潮五郎氏であったという。

しかし、幕府は尊号宣下を拒否した。義満後の幕府は、彼の天皇家乗っ取り計画には批判的であったという。

後小松・称光天皇が義満の血統であったとしても、次の天皇は他の血統から選ばれたのであるから、以後、天皇の血統は義満の血で汚されることはなかったのである。

## 後南朝閑話（二）

明治四十四（一九一一）年二月、文部省は南朝が正統という結論を出した。北朝を正統とする教科書を使用しないようにと全国の地方長官に通知され、北朝正統説の図書調査委員・喜田貞吉博士は休職を命じられた（『読める年表・日本史』自由国民社、二〇〇三年）。しかし、平成の天皇家は北朝系であられる。何かすっきりしない話である。

ところが、突飛もない説が述べられているのである（別項「幕末オールスター写真の謎」参照）。すなわち、「明治天皇」は孝明天皇の皇子・睦仁《むつひと》親王ではないというのである。南朝の後裔・大室《おおむろ》寅之祐が後の明治天皇になったという。寅之祐は「オールスター写真」の中央に座っている少年である。

これなら今上天皇も南朝系ということになり、正閏論の結論も理解できるであろう。

岩倉具視、伊藤博文らが孝明天皇を、そして践祚間もない睦仁天皇も暗殺した。孝明天皇は政治上の問題、そして睦仁天皇は軟弱であったというのがその理由である。睦仁天皇は「禁門の変」の戦いのとき、御所内に聞こえた大砲の音に腰を抜かしたという。

鹿島曻（一九二六－二〇〇一年）という人の説を紹介した記事がある。

鹿島は、『裏切られた三人の天皇――明治維新の謎』『明治維新の生贄《いけにえ》――誰が孝明天皇を殺したか』（松重正、宮崎鉄雄との共著）で、伊藤博文と岩倉具視《ともみ》が孝明天皇と幼い睦仁《むつひと》天皇を謀殺し、長州藩に匿《かくま》われていた南朝の末裔を明治天皇にすり替えたと主張したが、そのきっかけとなったのは、昭和六二年一〇月の山口県柳井市訪問であった。（略）鹿島曻は、熊毛郡田布施町麻郷《おごう》字大室に住む大室近祐《おおむろちかすけ》氏を訪問した。いまではすでに故人となった大室氏は、当時、地元では大室天皇と呼ばれていた。大室天皇は、南朝の崩壊とともに吉野の地を追われ、長州・麻郷に落ちのびた光良《みつなが》親王の子孫である。（略）

南朝の皇統を継ぐべきものとしては、大室天皇家、三浦天皇家、熊沢天皇家の三つがあるということである。

鹿島が訪ねたとき、大室近祐氏は、すでに八〇歳を越えていたが、

「私は南朝の流れを引く大室天皇家の末裔であり、明治天皇は祖父の兄・大室寅之祐です」

と、はっきりと語った。

鹿島は、この最初の訪問のときはさすがに半信半疑のようであったが、一〇回におよぶ訪問を重ね、『皇道と麻郷』をはじめとする大量の文書を見せられることにより、しだい

にこの事実を確信するようになっていった。

（松重楊江《まつしげようこう》『日本史のタブーに挑んだ男』たま出版、二〇〇三年）


長い引用になったが、驚くべき証言である。あの「オールスター写真」の大室寅之祐の弟の孫に当たる人が、大室が「明治天皇」になったと証言しているのである。

ここで当時の年譜を見てみよう。


慶応二（一八六六）年七月二十日、徳川家茂死去。同年十二月二十五日、孝明天皇病死。

慶応三年一月九日、睦仁親王践祚《せんそ》。

慶応四年一月十三日、鳥羽・伏見で幕軍敗走。

慶応四年八月二十七日、即位の大礼。九月八日、明治と改元。

睦仁帝が暗殺されたのは、慶応三年の践祚後、一年以内のこととなる。

慶応四年一月以降、大室が今までの明治天皇とすり替えられていたとすれば、人物が替わっていることを気づかれないよう、いろいろ努力したことであろう。御簾《みす》で姿を隠すことや、写真になるべく写らないということなどである。


要するに、この説では、明治天皇から以後は南朝系であられるということになる。明治天皇が「南朝」を正統となし、また南朝の忠臣・楠木正成の銅像が皇居前に建立されたことへの疑問も、氷解するわけである。

南朝の子孫がおられるであろうことは、想定されるところであろう。名乗らないからわからないのである。しかし、名乗っては、あの熊沢天皇のように大変なことになる。

ただし、「明治天皇はすり替えられた」となると大問題。戦前であれば、こういうことを述べれば「不敬罪」となるところだろう。しかし一〇〇パーセント確実な歴史は多くはない。日本歴史の正史とされる『日本書紀』さえも真実を曲げているとされている。

北朝（持明院統）第八十九代・後深草天皇（即位一二四六年）以来の皇室・天皇ではなくて、第九十九代・後亀山（在位一三八三―九二年）で途絶えた南朝（大覚寺統）が、明治になって正統であるとされた理由は何か。

真実を知りたいと思う。

# キリスト教伝来と弾圧の時代

# ザビエルを連れてきた男・アンジロウ

天文十八（一五四九）年八月十五日、鹿児島に上陸したフランシスコ・ザビエルは、日本滞在二年三カ月余で、キリスト教布教の足場を築いた。

マレー半島マラッカ滞在中、一五四七年十二月七日、日本人アンジロウが会見を求めてきた。アンジロウは日本での布教を勧めた。このアンジロウとの出会いがなければ、ザビエルの来日も実現しなかったかもしれない。

このアンジロウこそが、ザビエル来日のキー・パーソンであった。しかし、アンジロウは謎多き人物で、生没年、職業、姓名さえ不明である。彼がマラッカに辿りつくまでの次第など、順次述べてみたいと思う。

## 大航海時代の布教

ところで、ザビエルがマラッカにいた次第はどうか。布教のためポルトガル王ジョアン三世の指示によりインド方面に向かったのである。なぜ、ポルトガル王の指示（命令）なのか。ここで簡単にザビエルについて述べることにする。

一五〇六年、スペイン北東部のナバラ王国（現スペイン）貴族の三男としてザビエル城で生まれた。

一五一二年、スペイン軍侵入。スペイン・フランス戦争でナバラはフランスと同盟を結んでいたためで、この結果ナバラ王国壊滅。

一五三四年、同志らとパリでイエズス会発足（同会については、別項「イエズス会の日本布教」を参照されたい）。

一五四〇年、同会は教皇からの承認を受けた。その半年前三月にジョアン三世の指示が示されていた。

当時は、世界の海をスペイン、ポルトガルで二分しようとしていた。そして教皇は、両国王に宣教師たちの他国への派遣を決める権利を与えたとのことである。イエズス会はポルトガル王側であったのだろうか。

二人の派遣が決められた。ポルトガル人とスペイン人の宣教師である。ところが、スペイン人宣教師急病のためザビエルが行くことになった。

ここで、当時大航海時代といわれたポルトガル、スペインの世界進出を見てみよう。

●ポルトガル
一五一〇年、インドのゴアを占領。
一五一一年、マレー半島のマラッカ占領。
一五四三年、日本到達。平戸を根拠地として対日交易開始。
一五五七年、マカオに居住権を獲得。
（その他、植民地はブラジルなど）
●スペイン
一五二一年、中南米アステカ王国を滅ぼす。
一五三三年、インカ帝国を征服、植民地とする。
（その他、植民地はアフリカ、北アメリカ南部など）

ジョアン三世はただ布教のために、宣教師派遣を指令したのであろうか。ローマ法皇の代理としての指令だけなのか。

ザビエルの布教は、大航海時代というバックがたまたまよくなかったと思う。国王の植民地獲得の尖兵ではなかったか、という誤解を生じやすい時代背景があった。誠に残念なことである。

アンジロウのことを述べる前に、世俗的な話を述べた。海に深さがあるように、ストーリー

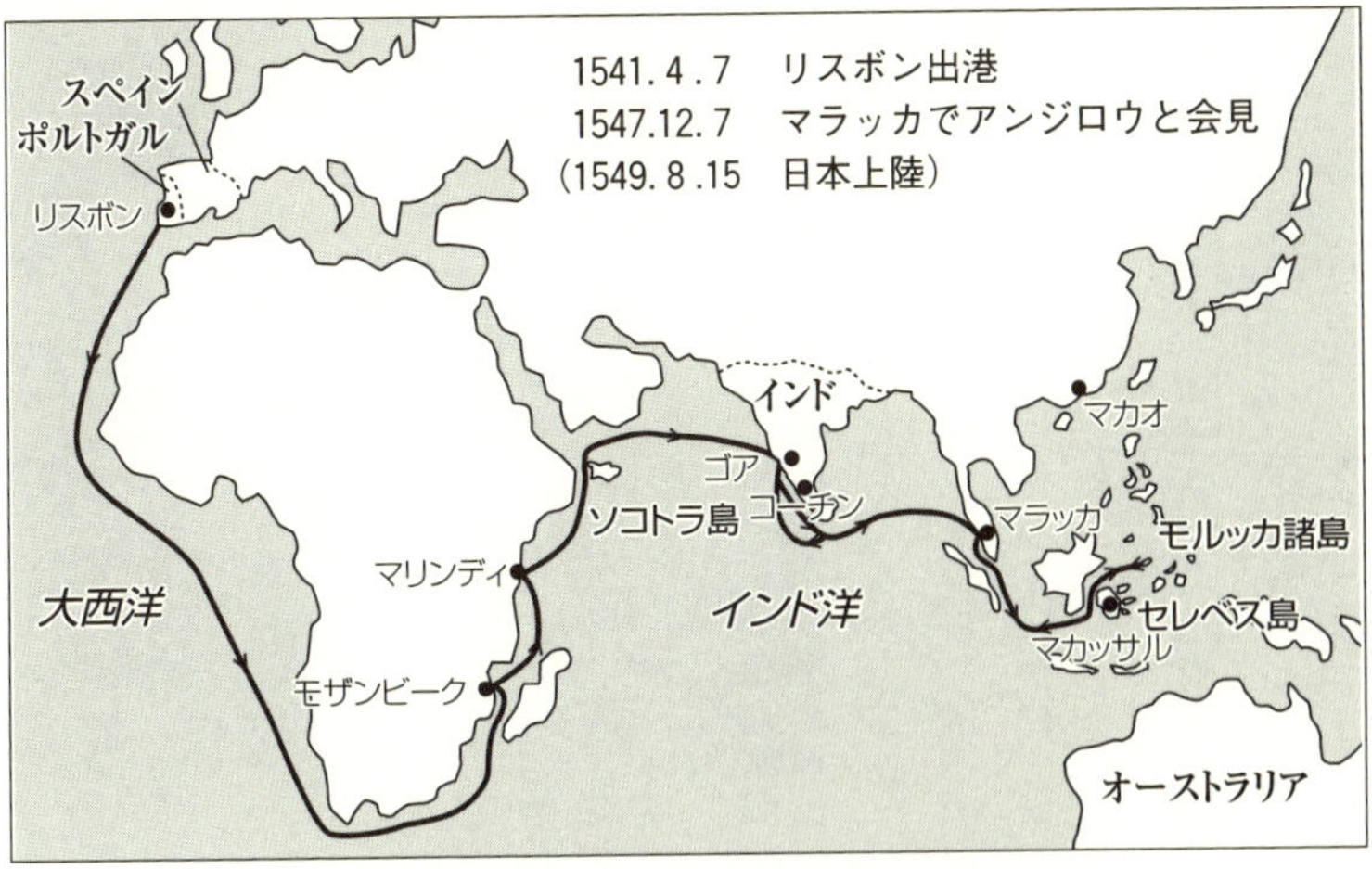


ザビエルの航路（アンジロウと出会うまで）

を立体的に述べようと思った次第である。

## ザビエルとアンジロウの出会い

ザビエルは、一五四一年四月七日、リスボン出港。インドのゴアへ向かった。

一五四二年五月六日、ゴア着。モルッカ諸島などで布教。一五四七年六月より十二月までマラッカに滞在した。そして十二月七日、アンジロウが彼を訪ねてくるのである。ザビエルは教会での結婚式場にいた。「フランシスコ師は、私を抱いて大変喜ばれた」とアンジロウは手紙に書いている。

ザビエルについては、本来ザビエル師というべきであろう。ゲオルグ・シュールハンマー師（イエズス会宣教師）の解説によれば、ザビエル（Francisco Xavier）は、ポルトガル語では「シャビエル」、スペイン語では「ハビエル」、英語では「フランシス・ゼイヴィアー」（または「ザヴィアー」）、ドイツ語では「フランツ・クサファ

左から，ヤジロウ，ザビエル，ベルナルドの像（鹿児島市・ザビエル公園）

ー」というそうである。

謎多き人物「アンジロウ」について、ザビエル師は「Anjiro」と記しているという。ルイス・フロイス『日本史』の日本語訳では「弥次郎《アンジロウ》」とされており、漢字の読みとフリガナが異なっている（第一章、第一部一章）。鹿児島市・ザビエル公園の三人像の中の彼の像には、「ヤジロウ（Angero）」と刻名されている。その他、「アンジェロ」「アンセイ（Anxey）」などがあるという。

いずれも最初の発音が「アン」のようなので、本項では「アンジロウ」と記した次第である。

このようにアンジロウは不明の人物である。筆者は、アンジロウは姓名を名乗られぬ事情のため、偽名を使っていたのではないかとも思うが、それにしても苗字が一切記録されていないのは珍しい。

彼のことを記したものとしては、アンジロウ本人が書いた手紙がある。これは原文はポルトガル語で書かれている。長文なので要約して紹介する。

「一五四八年十一月二十九日付、ゴア発、メストレ・イグナティウス・デ・ロヨラその他、

同会の司祭、修道士に送った書簡（ロヨラはイエズス会創立者の一人）

私は、日本国内である理由によって一人を殺し、役人から逃れようとして、ある寺に隠れました。このとき貿易のために来ていたポルトガル人の船が近くにいました。その中に私が以前から知っていたアルヴァロ・ヴァスという人がいてポルトガル行きをすすめましたので、それを望むと答えました。

彼は、まだ用務が残っているので、すぐには出航できないからと、同じ海岸のほかの港にいるドン・フェルナルドという貴人宛の紹介状をくれました。その人に紹介状を渡したつもりが人違いでして、相手は別の船長、ポルトガル人のジョルジェ・アルヴァレスでした。

アルヴァレスは、彼の親友であるメストレ・フランシスコ（ザビエル）師のところに船で連れていこうと言いました。その司祭の生活と業績を語りましたので、それを聞いて私はその方にお会いしたいと思いました。

一五四六年一月、山川港を出港。マラッカに着くまでにアルヴァレスからキリシタンの話を聞き洗礼を受けたいと思いました。

マラッカに着いて洗礼を受けようとしましたが、そこの司祭は、私が帰国して異教徒の妻と同棲することがあってはならないと言い、洗礼を授けませんでした。

私は、日本に帰りたいと思いシナ行きの船に乗り込み、シナから他の船で日本に帰ることにしました。日本に近づき島影を見る頃になって暴風となり、やむなくシナに戻りました。

ここでアルヴァロ・ヴァスに出会い、マラッカに行けばメストレ・フランシスコ（ザビエル）師はすでにその地におられるはずだからと聞き、マラッカに行きました。

マラッカでジョルジェ・アルヴァレスに会い、彼が案内してくれました。

フランシスコ師は、聖母の教会で結婚式を司っているところでした。アルヴァレスが詳しく、私のことを師に語りました」

このような出会いであった。天文十六（一五四七）年十二月七日のことである。先のことであるが、ルイス・フロイスによると、「アンジロウはザビエル師が日本を去った後の五カ月後、僧侶たちによって鹿児島を追放され、倭寇《わこう》船に乗り込んで中国沿岸で戦死した」という。

また結城了悟（スペイン人、パチェコ・ディエゴ師の日本帰化名）の書『鹿児島のキリシタン 改訂版』（春苑堂書店、一九八七年）によると、「アンジロウは鹿児島県の甑島《こしきじま》に、死ぬまで隠遁生活を送ったという言い伝えがある」とのことである。

以上のように、アンジロウは殺人を犯した。国外逃亡を図った。ポルトガル人を知っていた。また海賊のようなこともした。なお、海外へは従者を伴っていた。帯刀していたこともあり、身分ある武士ではなかろうか（帰国後、薩摩藩主に会うこともできた）。薩摩水軍ではなかったかとか、一方ではポルトガル人を知っていたことなどから、富裕な商人ではなかったかなどの説がある。

ルイス・フロイスは「貴族」、ヴァリニャーノ師は「身分ある人」と呼んでいる。

さて、先のアンジロウの書簡の続きがまだある。

「フランシスコ師は大変喜ばれました。私はすでに少しばかりポルトガル語を理解し、また数語を話すことができました（山川港出港以来二年十一カ月が経過している）。

師は、ゴアでサン・パウロ学院に入るよう命じられました。

一五四八年三月初め、学院に着きました。四、五日遅れてフランシスコ師も着かれました。師に会った時から、大いに感銘を受け、彼に仕え、決して離れたくないと思いました。

一五四八年五月二十日、聖霊降臨祭の祝日に洗礼を授けられ、従僕一人も洗礼を受けました」

アンジロウの受洗名は「パウロ・デ・サンタ・フェ」（聖なる信仰のパウロの意）とのことである。この手紙では従僕一人が受洗したとあるが、彼の供には二人の従僕（身分など正確には不詳）がいて、受洗名はジョアン（またはジョアネ）とアントニオと記されている。

ザビエル師がポルトガルの管区長ロドゥリーゲス師に宛てた手紙（一五四九年一月二十日付、コチン発）には、アンジロウのことを「高徳の人であり誠実な日本人、パウロ・デ・サンタ・フェ」と記されている。

コスメ・デ・トルレス師が、ゴアのサンタ・フェ学院よりポルトガルのイエズス会修道士に送った手紙（一五四九年一月二十五日付）には、「パウロは明晰な判断力の持主で、デウス様について深い知識を備え、優れた記憶力と才能の持主です。三十六、七歳と思われる」と記している。

ザビエル師たちはアンジロウを充分に信頼していたのである。

アンジロウは、ザビエル師に、日本の特質、日本人の知識・文化・理解力及びカトリック信仰を受け入れるに足りる大いなる能力や適性について非常に詳しく的確に報告したので、ザビエル師は日本伝道の企てを思い立ったとのことである。

## ザビエル、日本へ

種子島にポルトガル人が漂着し、鉄砲を伝えたのは、天文十二（一五四三）年のことであった。当時の日本は、まだまだ未知の国であった。

いよいよ、ザビエル師の日本を目指しての出港となった。

一行は、師の他に、パードレ（神父）のコスメ・デ・トルレス、若いイルマン（修道士）のジョアン・フェルナンデス。日本人はアンジロウと従者二名の計三名。他に従者として中国人のマヌエル、インド人のアマドールで、一行八名である。

一五四九年四月十五日、インドのゴアを出発。五月三十一日、マラッカ着。六月二十四日、マラッカ出港。幸いにも八月十五日、鹿児島（稲荷《いなり》川河口）に着くことができた。当時の航海

ザビエルの鹿児島滞在を記念した
モニュメント（ザビエル公園）

は三隻のうち一隻は失われるほどの困難で危険なものであった。しかも、マラッカからは適当な船が見当たらず、中国人の大型ジャンクであった。

八月二十九日、アンジロウは薩摩藩主・島津貴久《たかひさ》に伊集院の居城で謁した（国分との説もある）。一カ月後の九月二十九日、ザビエル師が貴久公と会見。

ザビエル師が一五四九年十一月五日付で、鹿児島からゴアのイエズス会へ宛てた書簡がある。無事に日本に到着したことを知らせているが、長い手紙なので、一部分を要約する。

「私たちの親友になったパウロ・デ・サンタ・フェの郷里では、市長も、主だった市民たちも、だれもかれも私たちを本当に心から歓迎してくれました。彼らはパウロがキリシタンになったことを不愉快に思うより、むしろそのために彼を尊敬しています。妻も娘も多くの親族も友人も、彼のおかげでみな信仰に入りました。大抵の日本人は字が読めるので、私たちの教会の祈りもすぐに覚えます。

聖教を広めるためにこの地へ来たとき、私たちは最初のうち神に対して適当なご恩返しをしているのだと思っていました。ところで今になってわかったのは、私たちは神から特別の恵みを頂いたのだということです。

もし神が霊魂の救いのために働くよりむしろいのちを捨てることを要求なさるのなら、私たちは神のお助けを借りてご命令に従う決心です」


ザビエル師はこのように、日本に殉教の見込みすらありそうだと思ったのである。また、日本の僧との軋轢《あつれき》に決意を新たにしたことであろう。

ザビエル師らは日本語ができなかったので、アンジロウがもっぱら宣教に従事した。アンジロウは案内者、通訳、伝道士を務めたのである。鹿児島で洗礼を受けた人はおよそ百名に上ったという。この成果の多くはアンジロウの努力によるものであった。

天文十九年、ザビエル師は平戸に出かけて七月にはまた鹿児島へ帰るが、九月から十月にかけて再び平戸に滞在したらしい。次に山口へ向かった。山口へは、フェルナンデス、日本人のベルナルドを伴っていたという。ベルナルドは鹿児島で加わっていた。

堺、延暦寺、京に入ったが、荒れ果てた京には何ら得るところがなく、天文二十年四月には山口へ帰った。九月になると山口を去って豊後（大分県）へ行き、十一月十五日、マラッカに向けて出港した（天文十九－二十年の行動は、『ザビエルの見た日本』掲載のザビエル関連年表による）。

ザビエル師は、鹿児島を去るとき、キリスト教の教えを伝えるようアンジロウに頼んでいった。日本を去るに当たり、二人の日本人、ベルナルドとマテオ（マテウス）、通訳のジョアネ、アントニオ、そして大友宗麟（豊後の藩主）の家臣（洗礼名ロレンソ・ペレイラ）計五名が同行したという。

ベルナルドはゴアからリスボンに至り、日本人初の留学生となったとのことである。マテオは一五五二年にゴアで死亡とされている。

中国入国を望んだザビエル師は、一五五二年十二月三日、広東近くのサンチアンで熱病にかかり天に召された。四十六歳。中国のあと、もう一度日本へ行き、アンジロウとも会う日を楽しみにされていたのではないだろうか。

アンジロウはマラッカで師に会ってから、師の離日まで三年近くお供をしていたようである。その後の消息は定かでなく、どこかに消え去ったようである。

鹿児島市のザビエル公園内には、中央がザビエル、左右にアンジロウとベルナルドの三人像が建てられており、三人の常《とこ》しえの聖なる絆を物語っている。

## キリスト教布教の功労者・アンジロウ

ザビエル師の来日、キリスト教伝来は、アンジロウが師と会うことがなかったら実現しなかったであろう。アンジロウは、キリスト教布教の功労者としてもっと注目されるべき人物である。日本人初のキリスト教徒でもある。

それにしても、姓名、素姓さえもわからないとは奇妙である。彼はザビエル師や宣教師たちにも多くを語らなかったのであろう。むしろ自分のことは隠していたと考えられる。

殺人で逃亡中ということであったのか。しかし、鹿児島帰着後に藩主と会っているのも不可解である。罪を許されたというのだろうか。また帰国したとき、宣教師らはアンジロウの妻や娘に会っている。アンジロウの家まで行ったからには、アンジロウのことも、およそのことはわかるはずであろうが、そのことについての記述はほとんど残されていない。多分、アンジロウの情報公開否の希望によるものであろう。

彼については、史家の人たちの研究が二、三見られ、実在したある人物に特定しようとされているものもあるが、彼のことだと断定もできないし、また否定もできないようである。史料の新発見が待たれる次第である。

イエズス会（カトリック）の日本での布教において、宣教師たちが艱難辛苦に耐えて、神の愛を知らしめんと努めていかれた姿は、全く敬服の至りである。ただ、その頃の時代背景（スペイン、ポルトガルの大航海時代）と、ポルトガル王ジョアン三世の指令というのが気にかかるところである。

領土を獲得して自国の所有にするには、神の代理人としての教皇の認可が必要であったという。認可の条件として国王には、布教のための宣教師の派遣の義務があったのである。

上級職の宣教師たちは、「領土の拡張、貿易の隆盛と宗教の浸透とは、互いに不可分の関係にあったことを是認していたものとみなされる」といわれる所以である。

このような世俗的なことは、今回見たザビエル、アンジロウ関係資料にはほとんど触れられていない。私も、崇高、敬虔な布教活動を汚れた眼で見るようで本意ではないが、歴史は、より広い視野の中で思考されるべきだと思う次第である。

## 隠れキリシタンの里・今村

### 今村へのキリスト教伝来

平成十九（二〇〇七）年一月十二日、数十年ぶりに大刀洗《たちあらい》町（福岡県三井郡）の今村カトリック教会を訪れた。広い平野に二つの塔を遙かに遠望でき、道に迷うこともない。教会の周囲にはモダンな建物が並び、昔と印象が異なる。教会の傍に寄ると、意外に大きいことに圧倒される。堂々たる建築である。内部も荘厳にして秀麗である。大正二（一九一三）年十二月完工。設計・施工は、鉄川与助（一八七九―一九七六年）。彼は五十の建物をつくったという。宣教師に西洋建築を学んだというが、煉瓦・木材など資材の調達・運搬なども大変なことであったろう。

参道より入ってすぐ右隅に本田保司祭（一八五五―一九三二年）の胸像がある。司祭は現教会の建築に当たり、まず資金集めに苦労された。ドイツの神父に二回にわたり寄付を懇願された。明治二十九（一八九六）年より昭和三（一九二八）年まで在任され、住民たちとともに教会建築などに心血を注がれたのである。

翌々日の十四日、日曜日、ミサの日である。信徒の人たちが白いベールをかぶり歩いてくるのかと思っていたら、ほとんどが車であり、ベールは教会内だけのことであった。教会もスーパー並に駐車場が必要な時代となった。ミサの出席率にもプラスとなることであろう。

さて、この広々とした平野のど真ん中にキリシタンが住み着いたのは、いつ頃からであろうか。以前からの住人たちが部落全体で洗礼を受けたのであろうか。それとも、よそで受洗した集団が移住してきたのであろうか。

今村教会（大刀洗町）

キリスト教伝来は、ザビエルの来日、天文十八（一五四九）年以後のことである。

天文二十年以後、豊後（大分県）やその他の地方に布教されていったようである。大友宗麟は熱心な信者となっていた。天文二十一年、宗麟は重臣を今村に送り館を構えさせた（その地の一族の家に跡継ぎがなかったので）。以後、一五五〇年代から六〇年代にかけて、筑後の数人の神父たちが豊後地方などを訪れている。宗麟の筑後進出とともに、信徒が増加していったと考えられる。この頃に今村のキリシタン集団が成立したともみなされる。

元亀元（一五七〇）年、アルメイダ師が久留米の高良山に宗麟を訪ね、帰路、すでに伝導していたキリシタンを訪ねたという記録がある。

また、文禄四（一五九五）年には、ルイス・フロイスが今村の近くを訪れた記録がある。「一五九五年度イエズス会年報」（一五九五年十月二十日、長崎発、フロイスの書簡）に、久留米を訪れたあと、「我らはナカ（Naca）と称し多くの極めて善良で、しかしたいへん貧しいキリシタンの居る所へ行き、一日ほどそこに留まった」とある。この「ナカ」は、今村の隣接地の北野町字「中村」とのことである。北野町の「中」、すなはち「彼坪《かなつぼ》」付近ではない。この「中」は今から約一五〇年前、信者が今村から移住したもので、文禄四年のNacaとは関係ないとのことである。中村が最も早く開け、彼坪は幕末に開拓されたのである。

以上を要約すると、今村周辺では、一五六〇年頃に信徒が増えてゆき、一五九五年には神父が訪れた確かな記録があるということである。なお、フロイスの『日本史』によれば、すでに一五八七（天正十五）年には、筑後地方全体で信徒は七千人もいたという。

今村（大刀洗町大字今）の現在の信徒数は九九四人（「カトリック福岡教区報」二〇〇六年）であるが、筆者が出会った人は「平田」さんばかりであった。それに「青木」さんが次ぐ。おそらく信徒の七割が平田さん、一割が青木さんではあるまいかと推定される。

その由来、祖先については「古老の言い伝えによると……」の資料ばかりで全くわからない。

青木氏の先祖は徳川の旗本で、信仰を守るため島原に流れ住んだ。島原の乱（一六三七年）後、医者として今村に住んだ（『今村教会百年のあゆみ』今村カトリック教会）。あるいは、府中町（久留米市御井町）のキリシタン与左衛門の末裔《まつえい》で、累代今村に居住して医業を行っていた（竹村覚『キリシタン遺物の研究』開文社、一九六四年）などの説がある。

平田氏の先祖は、移住してきたのか、もともと住んでいたのかわからない。とにかく青木氏が来たときには、すでに居住していたらしい。先祖に左京、右京の兄弟がいて、左京は棄教し庄屋となり、右京は信仰を守ったという（『今村教会百年のあゆみ』）。

「天正元（一五七三）年、平田左京・右京・勘解由の三兄弟田中村（今村）に居住している旨記述」とある（今村教会堂見学資料に掲載の年表より。田中村を久留米藩主・田中吉政が今村と改名）。

## ジョアン又右衛門のこと

教会のカラーパンフレットには、南本郷流川にある「ジョアン又右衛門殉教記念碑」の写真も掲載されている。

この人も今村にいつから住んでいたか確実な資料はない。島原の乱の落人説、徳川の旗本説などがあるが、記念碑の説明文では、奥羽説が記されている。全文を転記する。

ジョアン又右衛門殉教記念碑

ジョアン又右衛門は幼名又五郎、後に五島の宇久島に渡り受洗、ジョアンの洗礼名をうけ後藤寿庵と名のる。奥羽を再度訪れ、その地で伊達政宗の厚遇をうけたが、一六二〇（元和六）年、徳川幕府のキリシタン禁教弾圧のため政宗により追放された。主キリストの教えに徹し苛酷な迫害の最中にも九州とくに今村、本郷を中心にひそかに信者村人たちを教え導き筑後地方に大きな感化を与えた。

幕府は地元の大庄屋を通じて彼を捕え厳しく棄教を迫ったが信仰を固守し断じて応じずついに人々のみせしめとして此の場所で磔刑に処せられたと代々言い伝えられてきた。

ここは「ハタモン場」といわれ、信仰の灯を伝えてきた殉教地である。今般ここに殉教者ジョアン又右衛門の信仰を賛え、後世に伝えるために記念碑を建立する。

一九八七年十二月建立

前面に魚が刻まれている。魚のしるしは、ローマ大帝国時代の、コンスタンチン大帝のキリスト教公認まで三百年に及ぶ大迫害時代に、キリスト教徒たちが相互確認に用いた秘密のしるしだった。ギリシャ語のキリストの頭文字が魚の形をしていることから、このしるしが使われたとのことである。

昭和六十二（一九八七）年十二月二十八日、司祭、修道女、信徒たちが集い、ジョアン又右衛門を賛え祝福の祈りが捧げられた。「今、主の名によって、ここに集まった私たちの間に主がお住みになり、このジョアン又右衛門殉教記念碑のもとに集い祈る人々に平和と愛を与えてくださるよう心を合わせて祈りましょう」（「殉教者ジョアン又右衛門　主キリストの証し人」本郷カトリック教会）

ジョアンは、今村では使用人四、五人の豪農であった。「或日のこと大雨が降り出した時、庭に乾してあつた稲を使用人たちが急いで片付けようとしたが、彼が祈禱書を手に祈り乍《なが》ら庭を一廻りすると、その庭だけぬらさないで通り過ぎたということである」（『今村教会百年のあゆみ』）。その他いろいろの伝説がある。

ジョアンの死後は、竹藪に埋葬し、ジョアン様のお墓あるいは拝謁所と称し、二十日の忌日を「当たり日」といって祈りを捧げた。その墓の上に今の天主堂が建てられたとのことである。ちなみに、青木姓はジョアンの子孫であるともいわれている。

ここで年代上の考察をしてみよう。

ジョアンが政宗により追放された元和六（一六二〇）年のとき、仮に四十歳だったと仮定してみる。一六四〇年に殉教（今村教会堂見学資料）とすると、彼の生涯は一五八〇－一六四〇

一本杉跡之碑（久留米市太郎原町）

年で、六十歳で昇天となる。

　前述したフロイスが一五九五年、ナカを訪れた記事に、「そこで我らは、その信仰のために追放された身分のある人に出会った。彼はそこのキリシタンを世話しており、彼らに宗教を読んでやり、教理のことを教え、緊急の場合には、洗礼を授けている」とある。この「身分のある人」がジョアン又右衛門ではないかと、『今村教会百年のあゆみ』に記されている。しかし、先に仮定したジョアンの生没年からすると、一五九五年は十五歳であり年齢上も合わない。別人とみなされる。

『今村切支丹小史』（今村カトリック教会、一九五二年）に次のような記事がある。

　尚太郎原《だいろばる》と云つて御井町の東一里許りの所にパオロという神父が、潜伏していた。密かに今村にも来てミサ聖祭を執行するのであつたが、或時ジョアン又右衛門はどうしているかと村の人々に尋ねた。もう死刑に処せられたと人々が答えるや、「あゝ、私は遅れた」と云つて早速久留米の奉行所に自訴した。「火刑に処して貰いたい」と願い出て、太郎原で天晴な殉教をしたということである。

パオロの殉教地でもあり墓地でもあるのが、久留米市太郎原町の「一本杉跡之碑」がある所であるとの説がある（竹村覚『キリシタン遺物の研究』）。

ここは、その昔、懐良《かねよし》親王と足利尊氏との筑後川の戦いでの戦死者を葬り、一本の杉を植えた場所である。また、ここは刑場でもあったという。昭和三十一（一九五六）年の台風で大杉が倒れたので、記念碑を建て、あわせて戦死者の霊を供養したという。「史跡太郎原一本杉之跡」という案内の柱はあるが、台石の刻字の他には説明板もない。『久留米碑誌』（久留米碑誌刊行会、一九七三年）にも右のような解説だけで、殉教の話はない。古老による伝承があったのであろうか。目下、史料を探しているところである。

### 安国寺のマリア観音を訪ねて

ここで、久留米市山川神代《くましろ》の安国寺を訪ねてみよう。この寺には「マリア観音と隠れキリシタンの墓石」があると寺発行のパンフレットに書かれている。マリア観音像の写真も掲載されている。昼なお薄暗い竹藪の中にその像はあった。「歸真實岸宗節居士　元禄八年十二月十九日」と刻字されている。信徒たちにはジョアン様のお墓と呼ばれ、尊崇のまととなっていた。実際はジョアンの墓ではなくして、彼の供養塔であると解説されている（竹村覚『キリシタン遺物の研究』）。

元禄八年は一六九五年である。没後五十年ほど後に建てられたのであろうか。いずれにしろ厳しいキリシタン弾圧の時代であった。それゆえ、表立って殉教者の供養塔ということはできなかったのであろうか。「居士《こじ》」と刻まれているので男性の墓か供養塔である。

このマリア観音について詳述された文献があったので転載する。

安国寺にて発見されしマリヤ薬師《やくし》

天草乱後筑後《（ママ）》ひそかに今村（現在三井郡太刀洗村字今）へ遁れ、あらゆる迫害と闘ひ転宗を装うてきたジョアン又右衛門の子孫、青木家の菩提寺であつた三井郡山川村字神代の安国寺（尊氏の建立）の墓地内から、南薫小学校坂口寛司訓導が発見、日本キリスト教史

久留米市山川神代・安国寺境内のマリア観音

に貴重な研究資料として大きなセンセーションを起してゐる。

石像は高さ一尺五寸・蓮坐六寸・六角筒一尺七寸・台石七寸これらを総括して全高四尺五寸、六角筒の正面およびその裏面に「實岸宗節居士」の法名、側面に元禄八年十二月十九日さらにその次の一角には「爲亡父菩提奉書写妙法蓮華経全文」とあり行をかへて「草賀部」と刻銘あり。建立者も後難を恐れてのカムフラージュとみられる節がある。正面から石像は見事な薬師如来であるが、斜側面からみた姿は聖母マリヤの像そのまゝ、さらに仔細に黙検すると、薬師如来の耳朶が十字形になつてをり、頭部に薄い布を上から被り横へ襞入りの衣を着てゐる。さらに、此の石像を中心とした約五坪の墓地一劃には、青木一家の墓碑十数基その中に首のとれた石像が或はキリストを擬したものではないかともみられる。

安国寺の文書によれば、今村に於て青木家は明治維新まで、安国寺の和尚の死体検書がなければ埋葬出来なかつたといふ事実があり、同寺に関係文書を蔵してをる。

（久留米初等教員会編『久留米郷土史』歴史図書社、一九七八年）


この解説では、ジョアンは島原の乱後、今村に逃れた、となっている。そして青木家はジョアンの子孫であり、安国寺は青木家の菩提寺であったということである。薬師如来のようにして、その実、キリシタンの男性（亡父）を供養したということであろう。

「皈元月空妙白信女」と刻まれた
隠れキリシタンの墓石（安国寺）

なお、先の引用文中、「六角筒の正面および その裏面に『實岸宗節居士』の法名」とあるが、正確には「六角筒の正面に『實岸宗節居士』、およびその裏面に『歸真實岸宗節居士』の法名」である。また、「妙法蓮華経全文」とあるが、「全文」は「全部」と刻字されている。「草賀部」とは姓であろうか。

マリア観音のまわりには「隠れキリシタンの墓石」といわれる墓がいくつも佇《たたず》んでいる。訪れる人とてないのだろうが、蔓《つる》で全面覆われているものもある。蔓を取り払ったら、「皈元月空妙白信女　正徳三癸巳天　八月十六日」とあった。正徳三年は一七一三年で、厳しいキリシタン弾圧の時代である。キリシタンの墓が寺にあるのは「寺請制度」のためである。すなわち、

宗門人別帳を作り、すべての人を宗派によってどこかの寺に属させ、キリスト教徒でないことを寺に証明させた。（略）安国寺の和尚の死体検書がなければ埋葬できなかったという。（略）平田姓は多く善導寺の不断院《ふだんいん》に属していた。

すなわち、寺の証明がなければ何事もできないこの寺請制度は、明治六年の信仰の自由

になるまで続いた。（略）藩の寺社奉行には毎年、檀那寺《だんなじ》から宗門手形が出され庄屋も宗門人別帳、誓紙を提出し、キリシタンが一人もいないことを確認しなければならなかった。
（『大刀洗町史』大刀洗町、一九八一年）

死亡者があると親族は皆集まつて死者のために祈る。むろん檀那寺の僧侶が来て剃髪をする。拒絶すると大変なことになるので、墓地に行つてから首にかけてある守袋をひそかに捨てて、紙で十字架を作り、これを胸の中に入れてから埋葬する。
（『今村教会百年のあゆみ』）

寺に届け出なかった場合、例えば明治三（一八七〇）年には平田惣兵衛ら八名、死者自葬の罪で入牢とある（『今村教会百年のあゆみ』）。明治十年になっても、平田弥吉、与吉の二人が、仏僧の手を経ず、死亡したハヤという一人の婦人を埋葬したので告発され、三池炭坑に送られて三年後に釈放されたという。

今村のキリシタンのうち、青木氏は安国寺、そして平田姓は「多く善導寺町の不断院《ふだんいん》に属していた」（『大刀洗町史』大刀洗町）とのことである。不断院に電話で問い合わせたところ、隠れキリシタンの墓はないとのことであった。しかし訪れてみることにした。平田の姓の墓石がいくつかあるかもしれないと思ったからである。

善導寺町で不断院の所在地について人に聞いても、ほとんど知った人がいない。お茶を売る店ならご存じだろうと、茶購入を兼ねて尋ねてみた。善導寺の境内の中にあるという。善導寺の広い境内に入ると大きい案内地図板があった。それに不断院も図示されていた。つまり塔《たっ》頭《ちゅう》（大寺の境内に建てられた寺院。子院、わきでら）であった。

保育園や納骨堂があって、古い墓は整理されてしまっているようである。寺の古文書には記録されているのであろうか。とにかく墓を見出すことはできなかった次第。

それに比べて、安国寺の古い墓石群は珍しい。三百年の歳月を黙々と眠っておられる。訪れる人とてないようである。願わくば、いつまでもこのままで保存してもらいたいものである。

## 平田松雄氏のキリシタン研究

ここまで、キリシタンの里・今村の歴史について述べてきた。

「二百年余りの迫害時代を、信仰生活の面において、いか様に過したかについては、古老の記憶にもとづいて知り得るのみである」（『今村教会百年のあゆみ』）

伝説によらねばならないことが、今村の歴史が特異であることを示している。ほとんどの資料は隠匿、破棄されている。しかし、キリシタンの集団は現実に残り、生き続けてきた。

筆者は、伝説のなかに現実の歴史を求めようとしてみた。伝説を歴史の流れに繰り込んでみたいが、それができなかったとしても、その伝説の意義が損なわれるものではない。伝説の奥に歴史の真実が隠されていることもあるという。

潜んで暮らしていたキリシタン集団二百戸ほどが発見されたのは、慶応三（一八六七）年二月下旬のことであった。そのきっかけは、筑後地方に藍《あい》を仕入れにいった長崎の紺屋《こんや》が、今村にキリシタンが潜んでいることを聞き知り神父に報告したことであった。

神父は探索のため四人の者を浦上より派遣した。三日目に今村に着いた四人は、キリシタンたちに会った。信徒たちは四人を隠密と思い警戒。長い長い手探り状態の会話の末、やっとキリシタンであることがわかった。このことは長崎に報告され、互いの交流が始まった。

しかし迫害は続き、キリスト教が解禁されたのは明治六（一八七三）年のことであった。その間、今村では数回の入牢があったが、ひどい拷問、死刑はなかったようである。キリシタンの毛利秀包《ひでかね》（久留米城主）、その後を継いだ田中吉政、忠政もキリシタン保護の方針であったことも関与していると思われる。

大正二（一九一三）年、今村からブラジルへ百余名が移住。なお明治四十五年にも移住している（百名弱）。昭和三十（一九五五）年、本郷教会が大刀洗町本郷に新しく誕生。今村教会から六六八名が移った。昭和三十八年、小郡に新聖堂、今村から約百名が移った。

平成四（一九九二）年、今村信徒発見一二五周年記念行事が行われた。二月二十六日（一八六七年）を記念して、この日に毎年記念ミサが行われている。今村の信徒九九四名、ちなみに福岡県全体では二万四一八四名と記録されている（「カトリック福岡教区報」二〇〇六年）。

教会を訪れる前に、近くに「切支丹資料館」があると聞いていたので見学の予定であった。しかし、探しても見当たらない。教会参道前の平田商店に入り尋ねてみた。ご主人のお話しでは、「資料館は平田松雄という自分の伯父に当たる人が、個人収集のかたちで集めた資料を展示していた。しかし数年前に昇天され、館も閉じられた。その資料の一部は町役場に預けて保管されている」とのことであった。平田松雄氏のことは、ある本で読んでいたので、その人の甥に当たる人に早速出会うとは幸運というべきか。

大刀洗町役場を訪れ、資料見学をお願いした。庁舎隣りのドリームセンター二階、施錠された部屋のガラスケースに大切に保管・展示されていた。

「邪宗門一件口書帳　明治元年十一月」。その説明文には「慶応三（一八六七）年に発覚した隠れ信仰の状況を、御原郡高橋組大庄屋宅での取り調べにおいて述べた記録。百二十九人の口述が見られる。地元における、今村切支丹の記録としては最も古い資料である」とある（竹村氏の著書には、「私が見出した」と記されている）。

珍しい紙の踏絵もある。太政官の高札（慶応四年三月）、十字架、マリア観音などが展示されている。

翌々日の一月十四日、日曜礼拝の日に再度平田氏宅を訪れ、不躾《ぶしつけ》ながら、祭壇の礼拝、見学をお願いした。早速、二階座敷に案内していただいたのはありがたいことであった。

キリスト像、十字架、マリア様の絵、生花などが飾られ華麗である。ご両親のお写真と並べて、松雄氏のお写真も飾ってある。独身であられたとのことで、一緒に祀っておられるのであろう。

平田氏の祖父母が大正二年ブラジルに移住され、大正十年、ブラジルで生まれた三歳の男の子を連れて帰られた。両親とは全く似ていないので他人の子を引き取ったのではないかとか、いろいろの噂を立てられたという。両親は自分たちの子、三男として育てられた。この子が松雄氏である。彼は戦時中、近衛《このえ》師団（宮城を守るというエリート軍隊）に入隊したこともあった。

彼に転機が訪れた。昭和四十二年、ＲＫＢ放送が「今村天主堂と今村の切支丹」という番組の撮影を行った。ゲストは久留米大学教授・竹村覚氏である。平田氏は、キリシタンの資料などの取材・撮影を見学し、これを機会に今村キリシタンのことを調べ始めたという。

それから松雄の資料集めが始まった。もう五十歳になっていた。（略）

資料集めはまず教会、そして古本屋、古物商と決め、日曜祭日はそれらを回って関係資料を集めた。同時に竹村覚教授をはじめキリシタン研究者やキリシタン物を集めている収集家たちを訪ね歩いた。まずは見せてもらって勉強をさせてもらうことだ。

久留米市内には、中村孫次郎、平岡敏之、三潴《みずま》というところに鶴久二郎という人がいた。

（略）

木造二階建ての「今村切支丹資料館」が誕生したのは、資料館建設を計画してから十年近くもかかっていた。（略）

それからの松雄は、いっそう遺物収集に力が入った。（略）久留米大学の竹村覚教授のところに通うことだ。RKB放送のとき、竹村教授所有のキリシタン物がかなりあることを知っていたからである。（略）まずは勉強をさせてもらうために何度も自宅を訪問した。（略）ところが、不運なことに、まだ教えを受けていた途中に、竹村教授が亡くなってしまったのである。だが、それでも松雄はお参りを兼ねて何度も竹村家を訪ね続けた。

（佐藤早苗『奇跡の村』河出書房新社、二〇〇二年）

ある日のこと竹村夫人は、古物商が高価で譲ってくれというのを断わって、教授の集められた宝物の遺物をそっくり、松雄氏の資料館に寄贈されたとのことである。

ちなみに、私が本稿を執筆するに当たって最も参考としている文献が、竹村覚『キリシタン遺物の研究』という大著である。私事であるが、筆者は中学時代と久留米医大予科時代、教授に英語を習った。やや鼻声ぎみの優しいご発音が懐かしい。五十数年後になってキリシタン学を教えていただいていることになる。教授は昭和四十五年に六十六歳で昇天された。

大刀洗町役場のキリシタン資料は、このような由来によるものである。一部の資料だけではなく、できるだけ多くの資料を集めた町立の「キリシタン資料館」が望まれる次第である。

明治六年にキリスト教解禁とはいえ、明治十年になっても「自葬の罪」を問われ炭坑に強制就労と記録されているのが注目される。すべての解禁は「十月、コール師初めて今村を訪問し、一年間に、一〇六三名に洗礼を授ける」（『今村教会百年のあゆみ』）という明治十二年を待たねばならなかったのであろう。

しかしながら、このときでさえ、初めは「数名の伝導師と青木才八の土蔵の二階に隠れて教話をなし洗礼を授けられた」（『今村切支丹小史』）という。

明治十三年十一月、ソーレ師、今村に定住。同十四年には六十坪の教会堂が建立され、明治十八年に拡張された。明治二十九年、本田保師、今村主任司祭となる。大正二年、現今村教会竣工。

筑後地方での実質的なキリシタン弾圧の時代、慶長十七（一六一二）年頃より明治十年頃までの二六〇年余、いろいろな困難を克服して試練に耐え抜いた今村の人々、日夜尽力された司教、宣教師の方々に敬意を表する次第である。

シンボルとしての教会堂のもと、今村の灯が永遠《とわ》に燈《とも》ることを祈りたい。

# イエズス会の日本布教

## 宣教師来日に関する四つの疑問

十六世紀の日本でのキリスト教布教に関する史料として、ルイス・フロイスの『日本史』がある。

彼は永禄六（一五六三）年来日し、三十年余り滞在、十数年の間執筆を続けた。松田毅一、川崎桃太両氏によって邦文に翻訳されているが、四百字詰原稿用紙で約六千枚にも及んだという。十六世紀の日本史研究においても一級史料とされている。信長や秀吉との会見などは特に興味深い。

辛苦に耐え、身の危険にも動ずることなく神の愛を広めていった姿には、全く敬服の至りである。彼ら宣教師たちは遠く地球の裏側からどうして来日したのか。信長もフロイスにそのことを尋ねた。フロイスは、「救いの道を教えることにより、世界の創造主で人類の救い主なるデウスの御旨に添いたいという望みのほか、何らの現世的な利益を求めることなく、これを行うものである」と答えている。

ここでは、宣教師来日、布教についての次のような疑問に関して、史料を繙き考察してみる。
①日本へ最初に来た宣教師はイエズス会のスペイン人フランシスコ・ザビエルであるが、来日の由来はどうであったか。
②その後、日本での布教はカトリックのイエズス会の宣教師によって行われているが、イエズス会とは、どういう会なのか。
③フロイスの『日本史』を読んで、もっとも不快感があるのは、寺や仏像を破壊させていることである。文化遺産でもあるものをどうして破壊させねばならなかったのか。
④宣教師たちの日本での布教は、ポルトガル、スペインの日本征服、植民地化の準備のためであり、宣教師たちは国王の指令を受けた尖兵であるという風評がある。
本項では、純粋な布教活動の他の、政治・経済など世俗的なことを述べたいと思う。十六世紀のキリスト教布教に当たり、そこに不純な目的があったかどうかを述べるわけであるが、四百年以上も昔のことであり、現代のキリスト教を誹謗する考えはさらさらない。キリスト教徒と聞けば、清廉潔白、誠実の印象があり、仏教徒としても見習うべきことが多い。そのことを初めにお断りしておく次第である。

### ザビエル来日の由来

今年（平成十八年）は、フランシスコ・ザビエル（一五〇六－五二年）の生誕五百年にあたる。スペインのザビエル城で生まれた。一五四一年、イエズス会員としてポルトガル王ジョアン三世の命により、リスボン出港。インドへ向かった。ゴアで日本人のアンジロウに出会った。彼を聖パウロ学院に学ばせ同地で受洗させた。初めザビエルは日本に行くつもりはなかったが、アンジロウの話を聞いて日本での布教を思い立ったという。一五四九年、来日。各地で布教、一五五一年インドへ帰った。中国で布教しようとしたが、広東近くで熱病にかかり死亡。

日本行きもイエズス会の許可があったはずである。要するに布教はポルトガル国王の指令や許可によるものであろう（「ザビエルを連れてきた男・アンジロウ」参照）。

ザビエルは一五四九年十一月、鹿児島からゴアのイエズス会宛の手紙で、「彼ら（日本の僧）がとくに不思議に思うのは、何故私たちがポルトガルから日本迄の旅を敢行したのか。何故キリスト教の信仰を説くこと以外に、何らかの目的を持っていないかということです」と記している。

またゴアのアントニオ・ゴメス神父宛に、「大坂の港に家を作りポルトガルの王の役人たちにそれをあてがい（略）国内の方々の鉱山から大坂へ大量に届くきわめて良質の銀や金を商品と引き換えることで、ポルトガルは相当の利潤をあげることができるでしょう。ポルトガルの王の利益になるように、工場と交易所を一つ建てることが出来そうです」

一五五二年、コーチンからヨーロッパのイエズス会宛に、「日本人は戦争に関係のあることを重んじ、またそれを光栄に思っています。（略）家の中でも外でも常に剣と短刀を身につけて（略）要するに日本人はどの国民より武器を大切にしています」と記している。

ザビエルの日本滞在期間は布教のためとしては短いようである。視察といったところではないだろうか。ピーター・ミルワード氏（元上智大教授）は、「ザビエルは日本で福音を宣教するという純宗教的な目的で日本へ来た」と記している（松本たま訳『ザビエルの見た日本』講談社学術文庫、一九九八年）。

## イエズス会とは

一五三四年、イグナティウス・デ・ロヨラ、ザビエルら七名の同志たちにより、パリ、モンマルトルの小聖堂で発足。ヨーロッパのカトリック界の刷新、厳格な規律と教皇や上司への絶対服従、福祉活動、学術研究、海外（特にアジア）への布教を唱えた。一五四〇年、教皇の認可を得た。日本布教には、アレッサンドロ・ヴァリニャーノ（イタリア人）、ラミレス、カブラル、コエリョ、ゴメスらが派遣された。

ヴァリニャーノ（一五三九―一六〇六年。巡察師）は日本に三回来ている。通算九年余。国内で日本人聖職者の養成にも携わった。一五九一年、秀吉に謁見。日本布教に関する著作もあり、また印刷機をもたらし日本での活字印刷の嚆矢となった。日本布教の第一の功労者であろう。マカオで没す。

十六世紀の日本での布教は、イエズス会の宣教師らによって行われている。一七七三年、ローマ教皇によって解散を命じられ、再開したのは四十年ほど後の一八一四年からである。

## 仏像の破壊

「日本人はキリシタンになってから、我らからの説得や勧告されることなしに、それら神仏の像を時として（神仏は何らの利益にも、自分たちの救済にも、現世の利益にも役立たないので）破壊したりしたのである」とフロイスは記している。

破壊せねばならないような教義を教えたのはフロイスたちであり、直接手を下さなくても宣教師によって破壊されたということになろう。他の宗教は悪魔の教えであるという偏見と傲慢があるのは残念なことである。

フロイス（一五三二―九七年）はリスボン生まれ。十六歳でイエズス会入会。一五六二年、日本布教の命を受け、一五六三年来日。一五六九年、信長に謁見。一五八一年にも、ヴァリニャーノに通訳として随行し、信長に謁見している。イエズス会総長メルキュリアンの命により『日本史』（ポルトガル語）執筆。その内容は緻密で長文、驚異的でさえある。上司から長すぎるといわれたほどである。

戦略的なことはあまり書かれていないが、「日本の建物は清潔であるが、城はヨーロッパに比べると甚だ脆弱で、大砲四門をもってすれば半日ですべて破壊できる。木と土だからわずかの火でも燃えてしまう」と記しているのが注目される。

## ポルトガルの対日戦略

十五、六世紀は大航海時代といわれ、スペイン、ポルトガルの海外進出、植民地獲得が盛んに行われた。

ポルトガルは、一五一〇年インドのゴアを占領、一五一一年マラッカ、一五五七年マカオに居住権を得た。スペインは一五二一年北米南部のアステカ王国を滅ぼし、一五三三年南米のインカ帝国を征服。またアフリカより、多くの黒人奴隷をアメリカ大陸に移したといわれる。

特にインカ帝国の征服では多数の虐殺が行われた。このときキリスト教ドミニコ会の宣教師が随行した。国を滅ぼして宗教と言語を押しつけるのが、一番手っ取り早い「布教」だからである。

そもそもこの地球は、というより全宇宙は神が創造したものである(『旧約聖書』「天地創造」)。だからもともと「神の所有物」なのだ。もちろん、人間もそうだ。ところが、世界の人間の中には、その神の存在すら知らない「バカな」「恩知らず」がいる。だから、そういう「連中」にキリスト教を布教するためなら、何をしてもかまわん、というのがキリスト教の、正確に言えば「神の代理人」である当時のバチカン法王庁の論理である。

(井沢元彦『逆説の日本史11　戦国乱世編』小学館、二〇〇四年)

当時は、黒人奴隷を品物として売買していた時代である。とはいえ、原住民を虐殺、王も騙し討ちで殺すとは、右の引用文のような思想であったのであろう。よって現在のペルー、メキシコ、グアテマラ辺りはスペイン語で、カトリックである。

ザビエルの来日は、インカ帝国征服より十六年後のことである。このような時代での日本への布教には、どのような意図があったのだろうか。植民地化という先入観で見ることなく、イエズス会の活動を辿ってみよう。

ザビエル自身が日本での布教を希望したといわれるが、日本との貿易を勧め、銀や金の獲得でポルトガルは相当の利潤をあげることができる（前述）と報告していることは注目に値いする。純宗教的な目的のみの来日にしては在日期間も短く、日本国内情勢の偵察も兼ねていることとは、充分考えられることである。

一五六〇－七〇年代、イエズス会は長崎来航の船に搭載の火器や硝石（火薬の原料）などを仲介・調達する程度の限りでポルトガルと軍事的接触を有しているにすぎなかった。

ヴァリニャーノがマカオからフィリピンの同僚に送った書簡の中に、「フィリピンの修道士は何人《なにびと》も、シナ、日本及びその他のポルトガル国民の征服に属する地域においては、キリスト教の布教をしてはならない」とある。またイエズス会の文書にも「日本はポルトガルの征服に属し、国王陛下はそれをポルトガルの特権内に守ることを誓った」とある。

またアウグスチノ会士フライ・マヌエル・デ・ラ・マードレ・ディオスが一五九七年に作成

した文書には、「イエズス会パードレ達は一五五〇年から現在まで日本で原住民改宗の事業にたずさわっているが、これは教皇とポルトガル国王の特別の指示によるもので、日本諸島は同国王の征服に属している」と記述されている。

この「征服」と訳されている語 conquista がどのような意味を持つかについて、高瀬弘一郎氏は、「勿論本来の『武力による国土征服』の意味を含んでいることは言うまでもないが、単にそれだけではなく、その他の征服、植民、統治、布教、及びそこでの貿易といったもっと広い意味で用いられたと考えるべきだと思う」と述べている（『キリシタン時代の研究』岩波書店、一九七七年）。武力攻撃、降伏後の国内統治、つまりマッカーサー司令部による日本統治のようなものであろう。

このように、ポルトガル国王は日本を植民地化することを根本方針としていたとみなされる。ところが宣教師たちの報告が届けられてくる。それには、日本人は優秀な民族で武力も備えているので、征服は困難であろうという内容が多かったのである。

ヴァリニャーノがマカオから送った書簡には、「私は日本に三年近く滞在していたが、国民は非常に高貴かつ有能にして理性によく従う。もっとも日本は何らかの征服事業を企てる対象としては不向きである。何故なら日本は私がこれまで見て来た中で最も国土が不毛かつ貧しい故に求めるものは何もなく、また国民は非常に勇敢でしかも絶えず軍事訓練をつんでいるので、征服が可能な国土ではないからである」とあった。

その頃、秀吉はキリシタン弾圧を始め、天正十五（一五八七）年には追放令を出している。この布教に対する迫害に対抗するために、イエズス会日本準管区長のコエリョ以下の幹部パードレ（司祭・神父）らが有馬で協議会を開き、フィリピンのスペイン関係者に、日本へのスペイン兵派遣を要請することが決議された。コエリョはフィリピンのスペイン艦隊を差し向けるよう要請する書簡をフィリピンの布教長に送ってもいた（一五八一年、スペインはポルトガルを併合している）。

このことについては、

これは日本イエズス会の危機感がいかに深刻なものであったかを表わすとともに、在日宣教師たちによる軍事活動の位置づけを、日本教界の救済と存続を基本的かつ不可欠の前提条件としつつも、「日本」対「ポルトガル」という、国家間戦争へと大きく変貌させるにいたったことを示唆しているのではないだろうか。ここにイエズス会は「ポルトガル・スペインの絶対主義的植民政策の尖兵」として位置づけられるにいたったといえよう。

（高橋裕史『イエズス会の世界戦略』講談社、二〇〇六年）

布教の困難さは増し、またスペイン兵派兵などは、諸事業のため不可能なことであった。

一五九〇（天正十八）年の八月に加津佐において、第二回日本イエズス会全体協議会が開催され、金銭や食糧をのぞく軍需物資の調達や供与など、在日宣教師たちが日本での戦争問題に介入することは一切禁止され、極力「局外中立」の立場を堅持することが表明された。

（『イエズス会の世界戦略』）

慶長元（一五九六）年、「二十六聖人」の殉教。同年スペイン船サン・フェリペ号が土佐に漂着。秀吉は積荷を没収。このとき航海士フランシスコ・デ・オランディアが「スペイン国王はペルー、ヌエバ、メキシコ、フィリピンその他を征服するとき、あらかじめ修道士を派遣し、キリスト教への改宗者が多数になると、その協力を得て武力をもって土地を手に入れる」と語った。このことが秀吉を刺激し、二十六聖人殉教の誘因になったといわれている。

慶長十七年、徳川家康の禁教令（幕府直轄領に対して。翌年全国に）。

以上をまとめると、以下のようになる。ポルトガルのアジア植民地化政策の一部として日本も含まれていた。布教の宣教師を派遣し国内の状況を報告させた。しかし日本人は優秀で武力もあり、植民地化は困難と判断した。また禁教令による布教への弾圧に対しては、布教の安全を守るため、ここで初めて兵力の投入が検討されたが、追放により武力投入までには至らず撤退せねばならなかった。

つまり、日本人の優秀さと、追放するだけの国力・軍事力があったことから、ポルトガル、スペインの介入を阻止し得たということができよう。

ポルトガル王の命による海外征服事業の一翼との認識のもとに動いたのは、イエズス会の一部上級職の宣教師たちであり、多くの宣教師たちは、霊魂を救済するという宗教的動機から、迫害や身の危険をも顧みることなく、悩める人々を救っていったことであろう。彼らが慈善・教育事業などに貢献した功績も大なるものがある。

ちなみに、日本での布教に当たり、宣教師らはほとんど武力を背景に伴っていない。武力投入が考えられたのは、禁教令による迫害から安全を守るためのことであった。イエズス会の行動を海外征服事業の一翼であると初めから一元化することについては、充分に検討されねばならないであろう。

はるか遠い時代の出来事とはいえ、世界の各地で行なわれたキリスト教徒による非キリスト教的行為について、ローマ教皇ヨハネ・パウロ二世は二千年書簡のなかで、「幾世紀にわたって行なわれた暴力行為に対して何とお詫びしてよいか」と謙遜に過去の過ちを謝罪された。世界を光と闇とに区別し、布教を征服の概念で捉えたのは厳しさを売り物とした中世の独善であった。キリスト教が愛の宗教を標榜するかぎり、このような態度が許されるはずはなかった。世界はそれがどこに位置しようと、神の創造に与るすばらしい世界であることに変わりはない。創造主の知恵と愛がそこに反映されているからである。

（川崎桃太『フロイスの見た戦国日本』中公文庫、二〇〇六年）

## 禁教・鎖国の功罪

徳川幕府による禁教令、そして鎖国と、二五〇年余にわたりキリスト教は禁じられていた。その間、平和を保ったとはいえ、世界の文明開化に乗り遅れ、明治政府は急速な近代化を図った。外国から習うことばかりであった。富国強兵といって、軍事力の強化に特に力を入れた。島国根性で、視野の狭い職業軍人らが国政を欲しいままにし、ついに昭和の亡国を来すことになった。禁教・鎖国の功罪は今なお検討されねばならないことであろう。

第二次大戦後、日本は経済大国となり、物は満ち溢れている。ところがどうであろう。毎日のニュースは殺人事件ばかり。親がわが子を、子は親さえ殺す世相となっている。「殺すなかれ」の教えさえ守られない。今、必要とされるのは、愛の教えではないだろうか。

ある国の国策によらない純なる「布教」が望まれるのは、今の日本ではあるまいか。せめて一人ひとりが神あるいは仏の教えを守り、自ら己の中に「布教」していく心掛けが大切であろう。

# ルイス・フロイス、久留米城へ

## 筑後地方におけるキリスト教布教

福岡県の久留米市役所庁舎二階ロビーに、慶長五（一六〇〇）年頃、久留米藩主・毛利秀包《ひでかね》が建てさせたという教会堂の模型（縮尺五十分の一）が展示されている。

宮本達夫氏監修によるもので、平成三（一九九一）年、現庁舎建築のときに発掘された柱跡から計測し、ヴァリニャーノ神父[1]が明示した建築規則を参考に復元されたものである。

建物の実際の大きさは、南北に約八・四メートル、東西に約一七メートルで、軒瓦に十字架が刻まれ、鬼瓦も和風と異なっていて教会堂に違いないという。内部は聖壇、主廊、六つの脇部屋があったという。

当時、秀包と妻の引地《ひきち》は熱心なクリスチャンで、筑後地方のキリシタンは最盛期には七千人に達したといわれている。

筑後地方でのキリスト教布教の始まりについては明確な史料が見当たらないようであるが、永禄十（一五六七）年頃の大友宗麟[2]の筑後出陣、宣教師アルメイダの筑後訪問と深い関係があろうと推定されている。元亀元（一五七〇）年、アルメイダが高良山に宗麟を訪ねたとき、筑後で先年伝道していたキリシタンを訪ねたと記録されている。

本格的な筑後地方への布教が開始されたのは、天正四（一五七六）―六年頃からで、キリシタンは約六百人になったという。

教会堂の復元模型（久留米市蔵）

そもそも本邦へのキリスト教伝来は、天文十八（一五四九）年、フランシスコ・ザビエル[3]の来日に始まる。当時はスペイン、ポルトガルの大航海時代といわれ、両国は競って植民地を獲得し、キリスト教を布教していった。フィリピン、北米南部、南米のインカ帝国、インド、マラッカ、マカオなどである。ザビエルの来日はスペインのインカ帝国征服の十六年後のことであり、ポルトガル国王の指令によりインドを訪れ、次に日本を希望したという。とにかく東洋への布教が王の指令により積極的に行われた時代であり、次は日本とシナへの進出が考えられていたのである。

日本での布教については、ルイス・フロイス[4]の『日本史』[5]や、「イエズス会年報」などに詳述されている。

本項では、主に筑後・久留米地方を対象に、それらの史料を繙いてみた。なお、引地の父・大友宗麟の昇天日のことなどについても探索した。

## 毛利秀包と引地の信仰

秀包は中国の雄・毛利元就の末子（九男）であり、引地は豊後のキリシタン大名・大友宗麟の七女である。二人とも秀吉に人質とされていたが、秀吉の勧めで結婚した。天正十五（一五八七）年、筑後地方の一部を与えられ久留米に入った。

引地は熱心なクリスチャンで教名をマセンシアという。秀包も黒田如水の勧めで前年受洗していて、教名をシメオンといった。秀包は初め熱心な信徒ではなかった。これは、キリスト教を警戒し始めた秀吉や、反キリスト教派の兄・小早川隆景に配慮したためと見られる。

天正十六年、マセンシアの依頼で、秀包は準管区長[6]のコエリョに書状を認《したた》めた。それは「司祭[7]と修練士[8]を寄こされたい。派遣されて来る人は、かって豊後でマセンシアの聴罪師であった修練院[9]長のペドゥロ・ラモン師と日本人ジョアン・デ・トルレス修練士にしてもらいたい」という内容であった。

マセンシアは司祭と修練士が道中で危険に遭わないよう、その方法を知らせた（肥後の一揆鎮圧のため五、六千人の軍勢が通過するときであった）。そして司祭は日本の医師の衣服をまとい、薬が入った革袋を一人の家僕が携え、修練士は出家に扮したのである。

秀包は彼らを手厚くもてなし、あらためて教理の説教を聞き、城士たちも聴聞して三十六人が受洗したという。フロイスは、「藤四郎殿（秀包）が信仰に立ち返ったことは、日本のイエズス会[10]の会員に大いなる喜びをもたらした。というのは彼はデウス（天主）の御助けによって、この西国地方のキリシタン集団の頼もしい支柱となることが期待されていたからである」と記している。

マセンシアの乳母を務めた、熱心な信徒である教名カタリナという女性がいたが、「一方ではマセンシアが、そして他方ではカタリナが秀包を立ちあがらせ、教会の群に立ち返らせるよう激励し、大いに説明するところがあった」とフロイスは述べている。二人の女性が秀包を説得したわけである。

天正十七年、秀包・引地夫妻に男児が生まれた（元鎮《もとしげ》）。二人は、子供に洗礼を授ける司祭を遣わしてもらいたいと準管区長に要請した。そして同年七月、フロイスが久留米にやって来るのである。

一五八九年六月（洋暦）の終り頃、修練士近江ジョアンと一人の同宿[11]と私とは筑後の国および久留米の城へ出発した。それは、豊後のフランシスコ王の娘マセンシヤに生まれた男の子に洗礼を授けるためであった。我らは僅か数日でそこに到着し、彼らおよび我らの大きな慰めのうちに皆から迎えられ、かつもてなされた。シマン《（ママ）》藤四郎と称する殿はさっそく五人の部下を遣わし、穀物とぶどう酒（酒であろう）の大きな樽と大量の魚を我らが

そこに滞在する時の食料として届けた。（略）
我らがそこへ到着した前の日はちょうどフランシスコ王の二番目の命日に当っていたので、マセンシヤは多くの貧しい人々を呼び、彼らに食事を施した。
次の日曜日は洗礼の日と決められていたので、殿はその祝いに城内のすべての武士と兵士のため盛大な饗宴を開き、その日の夕方に我らは荘厳な洗礼式を行ない、子供にその祖父であった豊後のフランシスコ王と同じくフランシスコという名をつけた。
（一五八九年七月二十二日、フロイス神父が準管区長へ送った書簡。傍線引用者）

フロイスらは秀包に大いに歓迎され、秀包の息子に洗礼を授けたのである。

カタリナと殿の尽力によって、城中の幾人かの身分の高い人たちがキリシタンの説教を聴聞し、よく理解した上で二十四人が受洗した。（略）
司祭が久留米に来ていることを知った博多の古いキリシタンたちは、十里ないし十二里の道のりにもかかわらず妻子を連れて来て、告白し聖体を拝領した。（略）殿は司祭たちが帰るにあたっては六、七里のところまで警備の兵を伴わせて見送らせた。
（『日本史』第八十章、第二部一一五章）

## 大友宗麟の昇天日について

ここで、引地の父・大友宗麟の昇天日について考察してみよう。というのは、多くの書には「天正十五年五月二十三日」と記載されているが、異説もあり、また不明確とされているものもあるからである。

外山幹夫『大友宗麟』（吉川弘文館、一九八八年）によれば、邦暦で「五月二十三日」説と「五月六日」説があり、天正十五年の「日本年報」（宣教師ラグーナの書簡）には、一五八七年六月十一日、すなわち天正十五年五月六日と記されているという。外山氏は、「『大友氏系図』等日本側史料は共に五月二十三日のこととしている。（略）だが葬儀の現場に居た宣教師等の記事の信頼性は何といっても高い。（略）卒去地の津久見と共に、五月六日説の方が可能性が強いように思われる」と述べている。よって同書の略年譜には「五月六日、津久見に病没（他に五月二三日臼杵に病没との説あり）」と記されている。

遠藤周作『王の挽歌』（新潮社、一九九二年）には、「日本最初の切支丹禁教令布告に一カ月ほど先だつ深夜（フロイスの『日本史』によると西暦一五八七年六月二十八日、日曜日の真夜中すぎ）、宗麟はこの世の旅を終えた。彼の顔は生前より安らぎを見せていた」とある。また同書に「禁教令は天正十五年六月十九日に布告された。宗麟死去の日は明確ではないが同じ年の五月下旬（旧暦）である」と述べている（この禁教令は秀吉によるもの）。

よって、フロイスの『日本史』を繙いてみよう。第七十二章（第二部九十五章）「国王フラ

ンシスコ（大友宗麟）の逝去について」には、

イエズス会としては、国主が全会員に、そしてその各人に対して大いなる愛情を注ぎ、布教事業に対して特別な恩義があったから、今や国主（フランシスコ宗麟）の逝去について述べるに当って、幾分冗漫になるとはいえ、私には国主の聴罪司祭であったフランシスコ・ラグーナ師の、それに関する報告を文字どおり詳細に引用するのが適切であると考えられた。そこで私は、同師にその報告書をこの箇所に掲載する許可を願った次第である。司祭がこの出来事について語っているのは次のとおりである。

とある。

すなわち、ラグーナ師の報告書をフロイスが紹介しているのであるが、宗麟の臨終、葬儀、埋葬と、邦訳文では二〇ページほどにも及んでいる。

ある日曜日、それは六月二十八日、聖霊降臨後の第六の主日でしたが、国主の容態が悪化しましたので、私は正午近くまで国主とともにいて、彼に「希望を持たれるように、そして主なるデウス様の御旨にお委ね申すように」と言い聞かせました。（略）一五八七年七（六）月二十八日、その同じ日曜日の真夜中過ぎに、国主フランシスコは、この世の旅を終えられました。

これについて訳者の注がある。「原文『六月二十八日』として、訂正『七月二十八日』とある。しかし実は明らかに前者が正しい」

以上をまとめると、外山氏紹介のラグーナ師の書簡と、同じくラグーナ師の報告書（フロイス紹介）とでは宗麟の昇天日は違っている。これについては、「耶蘇会の日本年報には六月十一日とある。これは邦暦五月六日にあたり、大友系図と相違している」と竹村覚氏も指摘している。

フロイス紹介の報告書には、「六月二十八日」と二カ所にわたって明記され、誤記とは考えられない。ここで決め手となるのは、前述したフロイスの書簡である。すなわち、「一五八九年六月（洋暦）の終り頃」久留米城を訪ねた。「到着した前の日は、ちょうどフランシスコ王の二番目の命日に当っていた」

つまり昇天日は六月下旬しかあり得ないことになる。その日は六月二十八日（邦暦五月二十三日）と断定してもよいと筆者は考えるが、史家の高見を拝聴したいところである。

## 久留米におけるキリシタン弾圧

「一五九五年度イエズス会年報」（一五九五年十月二十日、長崎発、フロイスの書簡）によると、フロイスらは島原から出発して再び久留米の城下町へ行き、キリシタンたちの告解を聴き教理について教えた。

「一六〇〇年度イエズス会年報」（一六〇〇年十月二十五日、長崎発、カルヴァリョ著）によると、

> 久留米のレジデンシヤ[12]に、すでに古くから日本に居る神父が派遣されている。（略）なお一九〇〇人に洗礼を授けた。フィンダ《ママ》ナオ（秀包）とマセンシヤは以前に行なったように、この住院に多くの寄附をし、神父のための住院と聖堂とを新しく建てさせた。そのための木材はこの国にはなく、それを薩摩の国から運んだので、かなりの費用がかかった。フィンデ《ママ》ナオは立派なキリシタンとして振舞い、そこに滞在しているあいだに、ほとんど毎日、住院へ来て救霊のためになすべきことについて修道士と語り、部下たちに良い模範を見せている。（略）
>
> 彼の嫡男（略）は豊後のフランシスコ王の孫に当たり、いま十二歳である。（略）このごろ我らの住院へ来ない日はほとんどなかったほどである。（略）
>
> フィンデナオが城のそばに建てた教会堂のほか、町のキリシタンなどがもう一つ[13]建てた。

しかし間もなく関ケ原の戦い（慶長五〔一六〇〇〕年）となり、城は徳川方の軍によって開

城となった。幸い黒田軍側の配慮により、引地ら家族、家臣は長州に引き揚げることができた。秀包は敗戦により本国へ下る途中、下関で発病、慶長六年三月永眠。三十五歳の若さであった。

慶長六年、田中吉政、柳川に入城、久留米を支城とした。この頃まではキリシタンの弾圧はほとんどなく、吉政もキリシタンを保護していた。同年、一人のパードレと、一人のイルマン[14]が久留米に入り、キリシタンたちに大喜びで迎えられた。吉政、慶長十四年二月永眠。子の忠[15]政もキリシタンに好意を示していた。

慶長十七年八月、キリスト教禁教令。同十八年、禁教弾圧は全国に及び、筑後でもパードレたちを長崎に送ったが、教会堂は破壊せず、見張りをつけて保存したという。

同年十二月、秀忠によるバテレン追放令。元和二（一六一六）年十月、筑後で最初の殉教者が出た。元和五年には、田中忠政も教会と住院の破壊を命じた。おそらく久留米の教会堂も築後十九年ほどで消失したようである。

秀包の久留米在住は十三年間ほどで終わり、次の田中氏も嗣子なく二代で断絶。元和七年以来、有馬氏の居城となった久留米城[16]には、後年、有馬家の藩主を祀った篠山神社が建立された。その境内に高さ一七〇センチほどの古い石廟がある。

小さい案内板に「小早川神社」とあり、「ご祭神は毛利秀包公で妻の引地と共に、熱心なキリシタンでした」と記されている（秀包は一時、兄の小早川隆景の養子となっていた）。石廟の扉には、アンドレアス十字架（X）が刻まれている。

その昔、城内や教会堂へと連れ立って歩いたであろう秀包と引地、若い夫妻の姿が偲ばれるのである。

小早川神社石廟（久留米市篠山町・篠山神社境内）

［注］

（1）ヴァリニャーノ（一五三九―一六〇六年）。イエズス会トップの総会長から直接派遣された巡察師である。会員にイエズス会会憲などを遵守させ、宣教、改宗事業の拡大と発展を図った。三回来日、通算九年余滞在。一五九一年、秀吉に謁見。通訳はルイス・フロイスであった。日本布教の第一の功労者。マカオで没す。

（2）大友宗麟（一五三〇―八七年）。豊後（大分県）のキリシタン大名。一時は九州最大の勢力であった（豊前、豊後、筑前、筑後、肥前、肥後の六カ国を征した）。天正六（一五七八）年受洗。教名ドン・フランシスコ。天正六年十一月、宮崎の耳川で島津軍に大敗後、国力は衰微していった。

（3）フランシスコ・ザビエル（一五〇六―五二年）。スペインのザビエル城で生まれる。イエズス会創立七人の一人。ポルトガル王の要請でインドへ。ゴア・マラッカなどで布教。マラッカで日本人のアンジロウと出会い、一五四九年八月来日。平戸、山口、京都、豊後などで布教。一五五一年インドへ帰った。中国へ布教せんとしたが広東付近で病死。

（4）ルイス・フロイス（一五三二－九七年）。リスボン生まれ。十六歳でイエズス会入会。一五六三年来日。ヴァリニャーノに通訳として随行し、信長にも謁見。イエズス会総長メルキュリアンの命により『日本史』執筆。在日三十年。長崎で没。

（5）『日本史』。ルイス・フロイスが著した日本布教史。当時の日本国内の状況報告の緻密さは驚異的である。信長、秀吉を述べる上でも頻繁に引用されるなど、十六世紀の日本史研究においても一級史料である。日本語訳で四百字詰原稿用紙六千枚にも及んだという大著で、これを完訳された松田毅一、川崎桃太氏のお仕事も、まさに偉業というべきであろう（毎日出版文化賞、菊池寛賞受賞）。

（6）準管区長。イエズス会の布教地の分類に「管区」があるが、日本はザビエル以来「布教区」とされていた。一五八〇年「準管区」に昇格。初代日本準管区長は、ガスパル・コエリョで十年間務めた。一六一一年「管区」に昇格。初代日本管区長はヴァレンティン・カルヴァリョであった。

（7）司祭。パードレという。イルマンの上位。

（8）修練士。イエズス会への入会を許された者で、二年間の研修期間に、祈り、霊的読書や肉体労働を行う。

（9）修練院。イエズス会では入会して二年間は修練院で学ばねばならなかった。

（10）イエズス会。カトリックの一つの流派。一五三四年、デ・ロヨラ、ザビエルら七名の同志たちによりパリの小聖堂で発足。厳格な規律と教皇や上司への絶対服従、福祉活動、海外、特にアジアへの布教を唱えた。ちなみに当時、日本での布教はイエズス会の会員によって行われた。

(11) 同宿。住院や学校に同居するもので、神学生なども同宿として扱われた。

(12) レジデンシヤ。カーサ(イエズス会員たちのための住居のこと)の付属施設で、駐在所のことである。一般に「住院」と訳されることが多いが、定訳はない。

(13) もう一つの教会。場所を特定できる史料は見当たらないようであるが、現在の久留米市京町付近ではないかとの説もある。

(14) パードレ。司祭、神父のことで、司祭職にある聖職者をいう。布教組織の指導的立場にあり、階級的にはイルマンの上位に位置する。

(15) イルマン。司祭職に叙階されていない者で、一般に助修士を指し、パードレを補佐した。

(16) 久留米城。篠山城ともいう。

＊本章は、松田毅一、川崎桃太両氏の訳による『完訳フロイス日本史』(中公文庫、二〇〇〇年)、チースリク師の訳・解説、国武喆生氏編集・註解による『毛利秀包時代のイエズス会年報・書簡』(久留米郷土研究会、一九八〇年)により執筆することができた。記して感謝の意を表する。

# 新選組と幕末騒動

## 探訪・新選組

### 芹沢・山南・伊東の最期

新選組の隊規として、

一、士道に背きまじきこと

一、局を脱するを許さず

一、勝手に金策致すべからず

一、勝手に訴訟取り扱うべからず

という四カ条が知られている。これに背いた者は容赦なく断罪された。

永倉新八（のち杉村義衛）の発起により、明治九（一八七六）年に建立された板橋の碑には、近藤勇、土方歳三など戦死者三十九名の他に、病死、変死、隊規に反して組から処刑された者など七十一名の名が刻まれているという（平尾道雄『定本 新撰組史録』新人物往来社、二〇〇三年）。

七十一名の中には、切腹させられたり、隊士によって斬殺された者として、芹沢鴨《せりざわかも》、山南敬《やまなみけい》

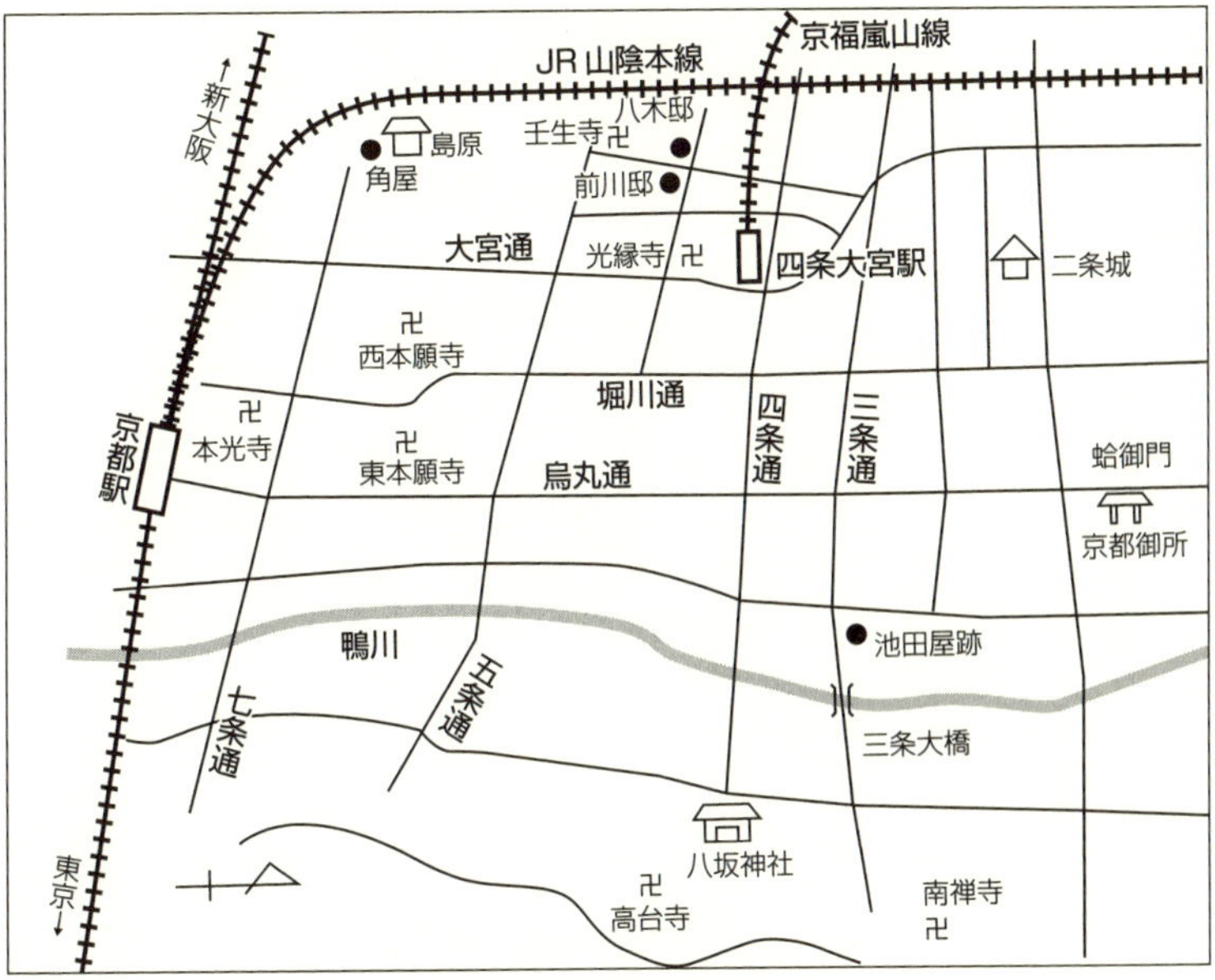


新選組関連の史跡・寺院マップ

助《すけ》、伊東甲子太郎《かしたろう》、武田観柳斎《かんりゅうさい》、河合耆三《きさぶ》郎《ろう》、野口健司、藤堂平助、服部武雄、毛内有之助《もうないありのすけ》などの名がある。

平成十九（二〇〇七）年、桜花爛漫の四月五日に、芹沢、山南、伊東ら三名の最期の地を京に訪ねてみた。

**芹沢鴨**

文政十（一八二七）年－文久三（一八六三）年九月十八日。十六日説もあるが、墓には十八日とある。水戸出身。文久三年三月、新見錦、平山五郎らとともに幕府徴募の浪士組に参加。上洛後、江戸帰還の本隊と別れ京都に残留。近藤らとともに壬生《みぶ》浪士組を結成。

京坂の豪商から強引な金策、大坂力士との乱闘事件、生糸商・大和屋焼き討ちなど、新選組の悪名を天下に広めてしまう結果となる。

新選組が屯所としていた八木邸（上）と前川邸

会津藩（新選組は会津藩預かりとなっていた）は、近藤らに芹沢一派の暗殺を密かに命じた。

文久三年九月十八日、新選組は島原の角屋で総会を開いた。そのあと芹沢、平山五郎、平間重助の三人に土方歳三も加わって、屯所としていた洛西壬生村の八木源之烝宅で酒盛となった。

八木邸は、芹沢、近藤ら十三名が新選組を結成した場所である。手狭になって元治二（一八六五）年三月に西本願寺へ移るまでの三年間、近くの前川家、南部家などとともに屯所として使われたのである。当時の壬生界隈は辺り一面、静かな農村地帯であったという。

さて、大いに痛飲しているうちに土方はいなくなり、三人はそれぞれ馴染みの女性と床についた。夜もふけ何時であったろうか。ひそかに忍び入った四人の男の影があった。

芹沢と同衾《どうきん》のお梅も惨殺された。平山も斬殺されたが、お栄は床を離れていて助かった。平間とお糸は逃げることができた。斬ったのは、土方、沖田、原田、山南の四人であったという。いずれも優れた剣の使い手である。

二日後、神式の盛大な葬式が新選組によって行われた。犯人は不明というわけであった。

先年のNHK大河ドラマによるブームの名残りであろうか、八木邸は幕や旗で飾られ、関連グッズのみやげ店まであり、観光地の風情である。部屋の中では団体グループに解説がなされているようであった。

芹沢と平山が並刻された墓碑は、近くの壬生寺（中京区坊城仏光寺北入る）にある。これは二代目の墓碑とのことで、比較的新しいようである。

芹沢鴨と平山五郎の墓
（京都市中京区・壬生寺）

近藤勇胸像（壬生寺）

「あゝ新撰組」の歌碑（壬生寺）

壬生寺の案内板には、「かって寺境内は新撰組隊士の兵法調練場に使われ、武芸や大砲の訓練が行われた。近藤勇の胸像は昭和四十六年に建立された。胸像の左横の塔は、近藤の『遺髪塔』である。毎年七月十六日に池田屋騒動の日を卜《ぼく》し、『新撰組隊士等慰霊供養祭』が行われる」との説明がある。「壬生塚に祀られている隊士」として、近藤、芹沢、平山、河合、阿比原、野口など十一名の名が記されている。

満開の桜の下、近藤の胸像などには供花も多く、最近、「あゝ新撰組」という歌の大きな碑まで建てられ、華やいだ風情さえあった。近くの道路では、新選組の羽織袴姿の若者が闊歩していた。

### 山南敬助

天保四（一八三三）年−元治二（一八六五）年二月二十三日。仙台出身。剣術師範の二男。剣のみならず学才にも長けた文武両道の人といわれる。文久三年、芹沢暗殺に加わったとされている。元治元年より体調不良。六月の池田屋討ち入りにも不参加。副長という要職にもかかわらず、元治二年二月、突如として隊を脱走。ほどなくして大津で発見、屯所に連行されたのち、二月二十三日に切腹した。介錯は沖田総司が務めたとのことである。

彼の体調不良というのは、現代でいうところの「うつ病」であったのではないかと筆者は考えている。街道をのこのこ辿り、たやすく捕まったというのも不可解である。帰隊時、永倉は再脱走を勧めたようであるが、応じなかったという。

彼は伊東甲子太郎の勤王思想に共鳴するところがあったらしい。また組の西本願寺移転にも強く反対していた。隊の方針に絶望したのではあるまいか。

伊東は、山南の死を悼《いた》んで、

春風に吹きさそわれて山桜　散りてぞ人に惜しまるるかな

など四首を詠んだという。

前川邸での切腹の直前、出窓越しに、かねて馴染みの島原の明里《あけさと》と今生の別れを惜しんだというが、後世の創作と思われる。

墓は、光縁寺（下京区四条大宮町三十七）にある。寺内の案内板に「新撰組と当寺との関係」として、「門前近くに新撰組の馬小屋があり、毎日門前を隊士たちが往来し、副長の山南敬助は寺の住職と年齢も同じであり親交が生まれた。山南の紹介で、

京都市下京区・光縁寺に立つ山南敬助の墓（右端）

屯所で切腹した隊士たち、三人目には山南自身、その後多くの隊士たちが埋葬されることになった」（要約）ということが記されている。埋葬された隊士として、野口健司、毛内有之助、伊東甲子太郎、河合耆三郎、石川三郎、大石造酒蔵など二十八名の名が記されている。

山南の墓は慶応元年と刻されており、墓石は建立された当時ままとのことで剥落が激しい。山南には、三南啓助、三男啓介などの別名があるので、「やまなみ」でなく「さんなん」と読むのが正しいという説もある。

## 伊東甲子太郎

天保六（一八三五）年－慶応三（一八六七）年十一月十八日。常陸国出身。江戸の伊東道場を娘婿となって継ぐ。元治元（一八六四）年秋、同門の藤堂平助の勧誘により上洛、入隊。参謀、文学師範の要職に就くが、入隊の真意は、新選組の勤王化にあったとされる。そのために九州などへの出張が多かった。

慶応三年三月、孝明天皇の御陵衛士《ごりょうえじ》を拝命。三月二十日、同志とともに隊より分離。六月には高台寺に屯所移転。よって高台寺党と呼ばれた。

十一月十八日夜、新選組によって七条油小路南で斬殺された。光縁寺に埋葬。そして翌慶応四年三月、同志によって東山区の戒光寺墓地に改葬された。光縁寺の埋葬者二十八名の中に伊東甲子太郎の名が記されているので、光縁時に一時埋葬されたのは確かなことと思われる。

下京区油小路木津屋橋上ルの本光寺（日蓮宗）の門前に、「伊東甲子太郎外数名殉難之跡」という石碑が建てられている。門前の京都市による案内板には、「近藤勇らは伊東を招いて酒をふるまい、酔った伊東をその帰路、この地で刺殺した。この知らせを聞いた伊東一派は直ちに駆けつけたが、待ち伏せしていた新撰組四十余名の隊士に襲われ、三名が斬られた。世にこれを油小路七条の変という」と解説されている。

京都市下京区・本光寺。右に見えるのが
「伊東甲子太郎外数名殉難之跡」の碑

門を入ると「南無妙法蓮華経」の石碑があり、「伊東甲子太郎絶命の跡」の立札がある。当時は柵がなくて道に面していたのだろうか。この石碑の台石に腰掛けて絶命したという。

当夜の近藤の招待については、危険だから行くなというアドバイスがあったというが、伊東はそれを無視したのである。不覚というべきであろう。単独で出かけたのか、あるいは供が一人ついていたのだろうか。永倉新八の『浪士文久報国記事』には、「早速右伊東甲子太郎夕方ニ近藤勇妾宅江参リ、尤《もっとも》警衛四人ホド居ル」とあるが、詳細不明である。襲われたとき、供の者はただちに逃げたと記述されている文献もある。

伊東甲子太郎絶命の碑（本光寺）

斬殺後、新選組は遺体を三日間放置し、近藤は「敵は土佐人と聞いたが、士道を欠いて逃げ隠れていると見える。この上は当局の方から仮埋葬しておこう」と言い、光縁寺に葬ったという。これについて、西本願寺の寺侍・西村兼文は、彼の『新撰組始末記』に「已レノ奸曲ヲ土州人ノ所業ニ負ハシメントスル邪智奸謀、悪《にく》ミテモ尚ホ余リアリ」と記している。

高台寺党も黙ってはいない。その年の十二月十八日、京都より帰陣中の近藤を狙撃、右肩に重傷を負わせた。近藤も負傷の五カ月後には新政府軍により斬首されている（「油小路の変」については、拙著『久留米藩難から新選組まで』に詳述しているので参照されたい）。

桜花咲き誇る京の一日、新選組ゆかりの地を訪れてみた。墓碑、記念碑などいずれも生花が供えられ、今なお、人々の心の中に新選組は生きているのであろう。本項では斬殺、切腹という暗い話ばかりであるが、あえて新選組の裏面にスポットを当ててみた。新選組の永遠に語り継がれるであろう勇者の姿の影に、これらの犠牲があったことを銘記したい。

史跡探訪として写真を多く挿入し、往時を偲ぶ縁《よすが》とした（平成十九年四月五日撮影）。

末尾に「新選組年表」を略記する。

●文久三（一八六三）年

二月、浪士組二三四名、京都へ向かう。三月、浪士組江戸へ帰還。芹沢・近藤・土方ら十数名は京都に残留。会津藩預かりとなる。九月十八日、芹沢・平山を八木邸で暗殺。

●文久四（一八六四）年（二月二十日、元治と改元）

一月、将軍・家茂上洛につき、警護のため下坂。六月、池田屋事件。七月十九日、禁門の変。二十一日、天王山に真木和泉を攻める。十月十一日、近藤、松本良順を訪ねる。胃薬を調合してもらい、世界情勢を聞く。

●元治二（一八六五）年（四月七日、慶応と改元）

二月二十二日、山南脱走。翌二十三日切腹。三月十日頃、新選組、西本願寺に移転。閏五月二十二日、松本良順、屯所を訪問、往診。七月一日頃、隊士一三四名を列記した「英名録」が作成される。九月、新選組、調錬場として壬生寺境内の借用を依頼する。

●慶応二（一八六六）年

九月二十六日、伊東・篠原、近藤・土方と時局論。二十七日も激論。十二月二十五日、孝明天皇没。

●慶応三（一八六七）年

二月二一六日、伊東、九州へ出張。五日は久留米泊。勤王の人たちと談合。三月二十一日、伊東ら十一名、新選組を離脱。六月十五日、新選組、屯所を西本願寺より不動堂村に移す。八月、伊東、九州へ出張。十月十四日、大政奉還上奏。十一月十八日夜、伊東斬殺。十二月十八日、近藤、高台寺党の者から狙撃される。

●慶応四（一八六八）年（九月八日、明治と改元）

一月三日、鳥羽・伏見の戦いが始まる。三月十五日、慶喜の警護を開始。三十日、甲陽鎮撫隊として江戸を出立。三月、敗走、江戸に戻る。四月、流山に転陣。四日、近藤、新政府軍に捕われる。二十五日、近藤、板橋で斬首。閏四月、新選組、奥州白河に出陣、敗走。五月三十日、沖田病死。九月二十二日、会津藩降伏。

●明治二（一八六九）年

五月十一日、土方、奥州・一本木関門に出撃し馬上で被弾して戦死。十五日、相馬主計《そうまかずえ》、最後の新選組隊長となる。同日、弁天台場降伏。籠城の新選組隊士九十二名、歩卒十一名。十八日、五稜郭籠城兵降伏。

［注］「しんせんぐみ」の「せん」の字については、資料によって「撰」「選」のいずれも使用されているが、本書では引用文・書名を除き「選」に統一した。

## 幕末オールスター写真の謎

### 志士の名が書き込まれた一枚の写真

「幻の幕末オールスター写真　実は佐賀藩士、君の名は?・」として、「西日本新聞」平成十八（二〇〇六）年十一月二十八日夕刊に大きく掲載された一枚の写真がある。宣教師フルベッキを中心とする総勢四十六名の写真である（以下、この写真を「フルベッキ写真」という）。陶板にして販売されたという。

この写真は、著作権の関係で掲載できないので集合人物の輪郭図を提示するに留めたが、写真のコピーが流布しているようなので、ご覧になった方も多いと思う。写真には志士たちの名前が書き込まれている（次頁の図参照）。

「西日本新聞」の記事では、

宣教師フルベッキを取り囲むように、坂本竜馬や高杉晋作らが勢ぞろいし、名前が書き込まれた一枚の写真。この「幕末オールスター写真」の真実を解き明かそうと、奔走する

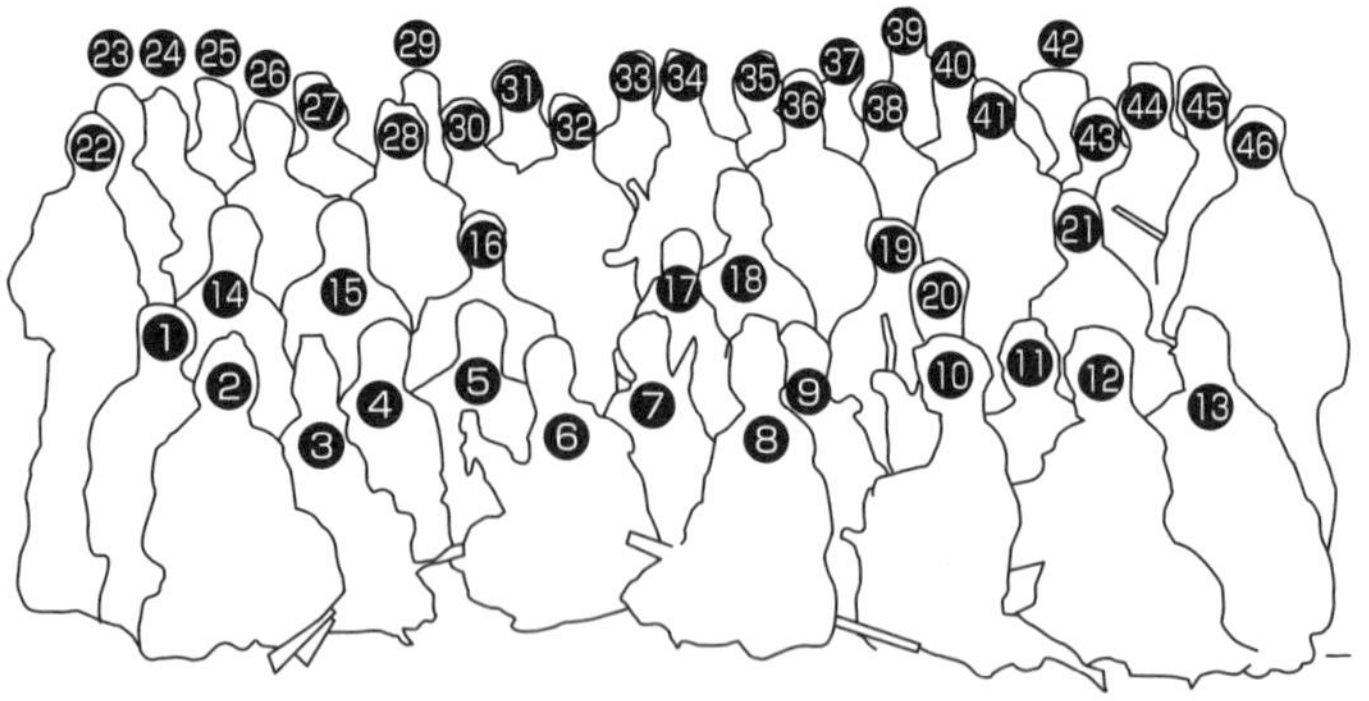

❹❻陸奥宗光　❹❺石橋重朝　❹❹山中一郎　❹❸吉井友実　❹❷香月経五郎　❹❶五代友厚　❹⓿鮫島誠蔵　❸❾丹羽龍之助　❸❽中村宗見　❸❼中島宗則　❸❻別府晋介　❸❺西郷従道　❸❹西郷隆盛　❸❸大久保利通　❸❷小松帯刀　❸❶村田新八　❸⓿伊藤博文　❷❾品川弥二郎　❷❽井上聞多　❷❼記入なし　❷❻江藤新平　❷❺後藤象二郎　❷❹中島永元　❷❸中野健明　❷❷勝　海舟

㉑横井小楠　⑳高杉晋作　⑲岩倉具定　⑱フルベッキ　⑰ウイリアム　⑯岩倉具経　⑮大隈重信　⑭中岡慎太郎

⑬横井太平　⑫横井左平太　⑪日下部太郎　⑩坂本龍馬　❾岡本健三郎　❽副島種臣　❼大室寅之祐　❻大木喬任　❺岩倉具視　❹江副廉蔵　❸記入なし　❷桂小五郎　❶大村益次郎

フルベッキ写真に書き込まれた志士たちの名前
（「西日本新聞」（2006年11月28日夕刊）掲載写真による）

人がいる。慶応大助教授の高橋信一さん（五七）＝東京都在住。実はこの集合写真は、日本における写真術の開祖・上野彦馬が、長崎にあった佐賀藩校「致遠館《ちえんかん》」の生徒を撮影したものとみられるがいつの間にか人気志士の名が書き込まれ、現代に広まっているのだ。

写真が初めて一般に紹介されたのは、一八九五（明治二十八）年の雑誌「太陽」。「フルベッキが佐賀藩の学生とともに撮影」として掲載された。一九〇七（明治四十）年に大隈重信が編さんした「開国五十年史」や、一九一四（大正三）年の江藤新平の伝記「江藤南白」にも掲載されている。撮影時期は、高橋さんの分析によると「一八六八（明治元）年十－十一月」。とすると、既に坂本竜馬（引用者注・一八六七年没）、高杉晋作（一八六七年没）は亡くなっている。写真が致遠館の生徒たちを写したものであることは、ほぼ間違いないとみられる。（略）

高橋さんが手掛かりとして指摘するのは、画家だったとされる島田隆資氏が一九七四年と七六年に日本歴史学会の学術誌に発表した論文。他の写真や肖像画と照し合わせた島田氏は、フルベッキとともに写真に納まる人物として、西郷隆盛など二十人余りの名を論文に列挙したため、以降、名前を書き込んだ写真が出回ったらしい。

と解説されている。

また、平成十七年一月六日の「朝日新聞」には、「幕末維新の志士達　維新史に一石を投じる、歴史ファン驚愕の掘り出し物!!」として、名前入りの陶板額フルベッキ写真の販売広告が大きく掲載されている。他紙にも掲載されたとのことで、書き込まれた人名について各新聞社に問い合わせが殺到したという。

「西日本新聞」に掲載の写真と「朝日新聞」の写真とは全く同じであるが、書き込まれた人名が数名異なっているのが興味深い（筆跡は同一人物と見られる）。

同じ場所で写された別の写真がある。長崎の英学所・済美館《せいび》（のちの長崎外国語学校）の生徒二十三名に囲まれたフルベッキの写真である。これにはフルベッキの子女は写っていない。

さらに、同じ場所で撮影された写真がもう一枚ある。三条実美、岩倉具経を中心にした十一名の写真である。具経はフルベッキ写真にも写っているが、比べてみると、この写真の具経は四、五歳は幼いようである。三条が写っているのは、七卿落ちで山口に逃れ、そして長崎まで足を延ばした時期であろうという（加治将一『幕末維新の暗号』祥伝社、二〇〇七年）。

この写真にはフルベッキはいない。具経がいるのはどういうことか。三条に伴って来たのであろうか。

## 撮影時期はいつか

さて、フルベッキ写真についてである。まず問題になるのが撮影時期である。高橋信一氏によると、明治元（一八六八）年の十－十一月であるという。

東京大学大学院（当時）の倉持基氏がフルベッキ写真について述べた論文（「明治天皇『御真影』と『フルベッキ写真』の関係性を探る」〔「歴史読本」二〇〇八年三月号、新人物往来社〕）の中に、撮影時期を考える上で参考になる記述があるので、その概要を紹介する。

「公家・岩倉具視の子息である具定・具経兄弟が一介の藩校である到遠館に入学した記念に写されたものである。岩倉具視は改元後の明治元年十月末（一八六八年十二月）、教育に定評があった到遠館に兄弟を送った。

明治新政府に招聘されたフルベッキは、明治二年二月十一日（一八六九年三月二十三日）に長崎を離れるが、兄弟はフルベッキの後任教師に英語を学んだ」

したがってこの写真は、明治元年十月末から明治二年二月の間に写されたことになる。

なお、陶板写真には、「慶応元（一八六五）年二月　撮影上野彦馬」と記されている（慶応元年は四月七日からなので、二月は元治二年である）。

## 写っているのは誰か

高橋氏のいうように明治元（一八六八）年撮影とすると、高杉晋作、坂本龍馬は亡くなっているので、別人ということになる。

フルベッキの長男ウィリアムも写っており、「五歳」と書き込まれている。ウィリアムは一八六一年生まれなので、明治元年の時点では七歳になるはずである。明治元年撮影であるならば、写真の子は、フルベッキの次女エマ・ジャポニカ（一八六三年生まれ。長女は夭逝《ようせい》）であろうと筆者は考える。

## 写した場所はどこか

写真を見たことのある人は、この場所が奇妙だと思われたであろう。左に格子戸があり、右には人影のような影があり、床は座るため石畳にゴザが敷かれたように見える。スタジオとは思えないような所である。この写真を写すために急いで用意したのであろうか。

ところが、前述のように、この四、五年前にこの場所で写された写真が残っている。つまり、数年間、スタジオのように使われていたと見るべきであろう。とすると、学校の生徒に限らず、外来客をもこの場所で写していたということになろう。後年有名になる志士たちが訪れていたこともあり得るのである。三条実美の他、有名人も訪れていたことであろう。

## 撮影者は誰か

フルベッキ写真の撮影者は上野彦馬（一八三八－一九〇四年）とされている。

同じ場所で写された他の二枚のうち、三条実美、岩倉具経を中心にした十一名の写真は、明治元（一八六八）年より四、五年前に写されているようなので、仮に一八六三年とすると、上野彦馬は二十五歳である。

この時期、彦馬はまだスタジオ撮影は実行していなかったのではなかろうか。上野はその頃、写真術を研修中であり、撮影者は、上野の師匠筋に当たる外国人四人のうちの一人と見られるという（加治将一『幕末維新の暗号』）。

## 日本のために尽力したフルベッキ

ところで、そもそもフルベッキとは、いかなる人物だったのであろうか。

フルベッキ（G.H.F. Verbeck）はオランダに生まれ、工業学校を卒業したが、一八五二年にアメリカに移住、わが天職は伝道にありと神学校に入った。安政六（一八五九）年、選ばれて長崎に来航。長崎にあった済美館と佐賀藩の致遠館（英学校）などで八年間教育に従事した。この間、副島種臣や大隈重信など多くの人材を指導した。ヘボン式ローマ字で知られるヘボンとともに、日本で英語を教えた最初の宣教師である。

明治二（一八六九）年二月に大学南校（東大の前身）に迎えられて上京。明治六年まで在職。その後、元老院顧問や華族学校講師などを務め、日本に永住したとのことである。

明治二年、政府に欧米への使節団派遣の重要性を説く。洋行して何を調べねばならないかなどを教示した。明治四年九月、再度、意見書を提出。同年十一月、岩倉視察団の横浜港出発となった。

政府への提出書は「Brief Sketch」といった。政治、経済、外交、土木、教育などの多方面にわたり日本のために尽力したという。このようなフルベッキを慕い、全国から優秀な人材が集ってくるのも当然のことであろう。

フルベッキの家族については倉持基氏が詳しいとのことで、石黒敬章氏がメールで尋ねられた。返送されたメールを石黒氏が『明治の若き群像　森有礼旧蔵アルバム』（石黒敬章・犬塚孝明著、平凡社、二〇〇六年）の中で紹介されている。それによると、フルベッキは妻マリアとの間に十一人の子をもうけたが、四人は亡くなり、成人したのは七人であるという。また、長女は生後二週間で夭逝、長男のチャールズ・ヘンリー・ウィリアムは一八六一年一月十八日生まれ、次女エマ・ジャポニカは一八六三年二月四日生まれ、ということである。

フルベッキ写真が明治元（一八六八）年撮影であれば、既述のように、写真の子はウィリアムではなく、エマとなるようである。

### 天皇毒殺説

次に、いよいよミステリー・ゾーンに入っていく。

フルベッキ親子の斜め前の白い衣の少年は、「大室寅之祐　十四歳」とある。「後南朝閑話（二）」でも触れたが、この少年が明治天皇として生きたという驚くべき風聞がある。では本来の睦仁さんはというと、毒殺されたというのである。

孝明天皇毒殺説（刺殺説もある）は知られているところであるが、明治天皇までもとは、よく聞く話ではない。「頑固な攘夷論者の孝明天皇は国の将来に害を及ぼす。また病弱な睦仁も廃して、北朝系でなく南朝系の末裔である大室を立て、意のままにしよう」というのが、大久保、伊藤らの策略であったという。

「天子様殺害」は皆無ではなく、蘇我馬子による第三十二代・崇峻《すしゅん》天皇殺害などがあるが、他にはあまり聞かないようである。しかし、天皇家も、兄弟で争ったり、また臣下の者に島流しにされたりと、貧乏大名のような存在であられた時期もある。

写真をよく見比べてみると、大室は明治天皇によく似ている。しかし、このことについての鑑定結果は、同一人物ではないとのことである。鑑定されたのは東京歯科大学・法人類学研究室の橋本正次教授である（「不思議ナックルズ」十五号、ミリオン出版、二〇〇八年）。

南北朝については、別項「後南朝閑話（一）」に述べているように、明徳三（一三九二）年、北朝の後小松天皇が南朝の九十九代・後亀山から皇統を継承、これ以後の皇統は北朝系が独占することになった。今上天皇も北朝系である。

明治天皇が南朝を正統とされたことや、北朝系の皇居前に南朝の忠臣・楠木正成《くすのきまさしげ》の銅像があることは不可解であったが、仮に明治天皇が南朝系であったとすれば、多年の疑問も氷解することになろう。

稿を終えるに当たり、再び写真の顔を凝視してみた。副島種臣、五代友厚、大隈重信、そして大室寅之祐など、本人の写真に実によく似ている。これだけ似た人たちがよく集まったものである。それに年齢も大体一致するようである。

彼らがこの日時に長崎に集合できたかどうか。一人ひとり調べねばなるまい。生徒でなかった者が参加していることもあり得るであろう。

写真の若者たちが致遠館の生徒、佐賀藩士であるとするためには、一人ひとりの姓名を特定せねばならない。現在のところ名前が出てこないというのも不思議なことである。佐賀藩士としての姓名が明らかにならなければ、フルベッキ写真の謎はいつまでも消えることはないであろう。本年（平成二十年）になってもなお、フルベッキ写真を掲載した出版物が見られる。

# 筑後・久留米藩の出兵

## 幕末の久留米藩

筑後・久留米藩の記録を見てみると、意外に出兵回数が多いようである。筑後平野で安閑と惰眠をむさぼっていたのではないようである。

古くは、毛利秀包《ひでかね》公の時代には、文禄元（一五九二）年と慶長二（一五九七）年の朝鮮出兵（文禄の役には一五〇〇人従軍）、慶長五年には関ケ原への出動があった。有馬氏の時代になると、寛永十四（一六三七）年、島原の乱への出動があった。士、卒その他、総員七三〇〇人余、千人以上の死傷者があったと記録されている。

久留米藩士の外地（京都など）での活躍がたびたび見られるのは、幕末の頃である。

慶応二（一八六六）年には、幕府軍側として長州再征の命を受け、小倉に出兵（五百人）していた。その後は、新政府側として動いている。久留米藩は、初め佐幕（幕府側）であったが、藩内のクーデター（家老暗殺など）により、時代の波に取り残されないよう勤王派となったのである。

それ以前、元治元（一八六四）年には、真木保臣（和泉守）らが、禁門の変（蛤御門《はまぐりごもん》の変ともいう）で敗れ天王山で自刃していた。篠原泰之進は、新選組から高台寺党に入り、討幕に働いた。古松簡二は、一時天狗党に入っていた（権藤真郷の名で）。彼は広く天下を闊歩し、高杉晋作、伊東甲子太郎（新選組から高台寺党）らと面識があった。

幕末の時代史を繙いていると、たびたび久留米藩士の名が記されており、感心することが多い。新選組にも四、五名の名前が記録されているが、これらの人たちは、篠原以外は詳細不明で残念なことである。史料の発見が待たれる。

さて、明治維新で新政府が発足したが、小河真文、古松簡二らが反政府運動を行った。新政府の方針に反対し、政府転覆を目的に全国の同志とともに挙兵しようとしたのである。新政府は鎮圧のための軍隊を派遣し、府中（現・久留米市御井町）に駐屯した。

結局、計画は失敗し、死刑の小河以下、多数の断罪があった（「久留米藩難」といわれている）。

### 戊辰戦争への出兵

明治維新は革命であった。西郷隆盛と勝海舟の会見により江戸無血開城となり、スムーズに行われたような印象があるが、それまでが戦争であった。戊辰戦争は戊辰の年の慶応四（一八六八）年一月より翌年五月までの一年四カ月。鳥羽・伏見の戦いに始まり、箱館の榎本武揚《たけあき》軍降伏に終わった戦争である。

本項では、戊辰戦争で北海道箱館出兵に至るまでの久留米藩兵の従軍記録を辿ってみよう。

慶応四（一八六八）年二月、藩兵三五〇人上京。三月、京都を出発、四月十八日、江戸着。五月十五日、上野の彰義隊討伐戦に参加。不忍池越しに大砲二門で砲撃も行ったという。七月一日、江戸駐屯の久留米藩に奥州への出動通達。七月二十六日、百二十余名は海路出発、百名は陸路をとった。仙台藩と交戦。十月二十九日、仙台発。十一月十六日、東京着。翌年一月十日、久留米に凱旋した（慶応四年九月八日、明治と改元）。

別に、明治元年十月、応変隊など五百名、関東出兵。「精兵二百人箱館表へ可レ致御沙汰候事」の官命により、二百名が十一月十日横浜出港。風波のため途中、宮古へ上陸。青森まで六十里の険路、しかも雪中を行軍。北海道松前に進軍、戦闘。明治二年五月十八日、五稜郭の幕府軍降伏。七月二十一日に帰国した。

戊辰役従軍記念碑（久留米市篠山町・久留米城址）

箱館出兵を全国で見ると、十一藩の計三五五〇名で、九州からは薩摩と久留米の二藩のみである。

奥羽への出兵数は、福岡県内の旧藩七藩では五一二一名。久留米藩は福岡藩（二三七〇名）に次いで多く、一一二五名と記録されている。死傷者二十七名（四十余名とも）。七藩全体では死者九十三、負傷者一三一。参考までに、薩摩藩の奥州出兵数は八千余人。戦死は五二四人である（京都東山の即宗院には、西郷隆盛揮毫による、戦死者全員の名が刻まれた碑がある）。

戊辰戦全体としては、新政府軍十二万、幕軍五万。戦死者合計一万人以上。全国三百藩のうち、二一一藩動員。しかし千人以上の出兵は五藩のみであった。久留米藩はその五指に入るわけである。

箱館出兵四小隊のうち、三小隊は「応変隊」であったという。その活躍により、藩侯、官辺からの賞詞があった。

応変隊というのは、慶応四年、水野正名を首班とする勤王派政府が樹立され、佐幕派を禁固幽閉に処し勤王派を登用して藩政改革を行ったとき、天下多事、いざ鎌倉に当たって正兵だけでは心もとないというわけで、正名の弟・又蔵を総督とし、同年六月に設立された隊である。「御家中在町ニ限ラズ御国中士庶ノ差別ナク子弟ノ分強壮有志ノ者ヲ以テ奇兵御組立ニ相成度云々」と設立願書にあった。長州で高杉晋作が組織した「奇兵隊」のような隊であった。

七月二十一日の帰国では、郷土の人々から歓呼して迎えられたという。その後、千名を擁する大世帯となった。元気者ばかりであったためか、粗暴な所業が目立ち始めたという。明治三年十二月、常備兵員制定とともに応変隊も常備隊に併合されることになり、ついで四年九月、軍務局廃止とともに解散を遂げた。「久留米藩難」の際には多くの隊員が罰を受けた。

久留米藩は小藩のイメージがあるが、二十一万石は全国三百藩の中で二十番目の石高である。ちなみに明治二年の総兵員は、士族一六八一名、卒族（足軽など）五四三一名、計七一一二名と記録されている。

幕末から維新にかけて、久留米藩は、よく活躍したということができる。

# 久留米城址の御所左近桜

## 京都御所・左近桜の由来

四月、桜の花だよりの頃になった。

今年（平成二十年）も、京都御所の春の一般公開が九日から始まったと、左近《さこん》の桜ほころぶ内裏《だいり》のカラー写真つきで新聞に報道されている。

左近の桜といえば、久留米城址の一隅に、「京都御所左近桜種」という山桜が毎年花を咲かせている。御所の桜とどのような関係にあるのだろうか。

まずは、京都御所・左近桜の由来を調べてみよう。

二月《きさらぎ》の二十日《はつか》あまり、南殿《なでん》の桜の宴《えん》させたまふ。后《きさき》、春宮《とうぐう》の御局《おつぼね》、左右にして、まうのぼりたまふ。

（『源氏物語』第八帖・花宴《はなのえん》）

紫宸殿《ししんでん》前の左近の桜の開花とともに行われた宴の描写である。

近衛司にて年久しくなりて後、うへのをのこども大内の花見に罷りけるによめる
春を經《へ》てみゆきに馴《な》るる花の蔭《かげ》　ふりゆく身をもあはれとや思ふ
（『新古今和歌集』巻第十六・一四五四）

京都御所の左近桜

藤原定家が建仁二（一二〇二）年に、紫宸殿の左近の桜を詠んだ歌だという。
花宴は宮中行事として、嵯峨《さが》天皇の弘仁三（八一二）年二月十二日に神泉苑で初めて行われた。内裏内での花宴は、淳和《じゅんな》天皇の天長八（八三一）年二月からと記録されているという。
皇室衰微とともにしばらく忘れられていたが、明治十四（一八八一）年四月二十六日、吹上御苑で行われ、十六年より浜離宮、大正六（一九一七）年より新宿御苑で開催され、現在は内閣主催となっている。
延暦《えんりゃく》十三（七九四）年、桓武《かんむ》天皇、平安京遷都（皇居の

位置は現在の御所とは異なる）。紫宸殿前に左近の梅、右近の橘《たちばな》が植えられた。桜ではなく梅であった。この植樹は、シナ（中国）の宮殿様式に由来するようだといわれている。紫宸殿の南階下の東側には左近衛府の官人が列したので左近という。西側は右近衛府の官人が列したので右近という。

嵯峨天皇（在位八〇九－二三年）、淳和天皇（在位八二三－三三年）の頃にも花宴があったが梅であった。承和十二（八四五）年にも、梅と記録されているという。梅が枯れたので、仁明《にんみよう》天皇（在位八三三－五〇年）のとき植え替えられたが、梅ではなく桜であったようである。

貞観年間（八五九－七七年）にほとんど枯れかかったが、手入れにより再生した。天徳四（九六〇）年九月二十三日、内裏焼亡、樹も焼失。内裏造営のとき重明親王の家の桜木を移した。この樹木は吉野の山の桜の木であった。

承久元《じようきゆう》（一二一九）年内裏炎上、二年より造営が始まったが途中で再び炎上。その後、造営は中止された。天皇は外戚（母方の親戚）の邸宅に当たる里内裏《さとだいり》で過ごした。その一つに大納言・藤原邦綱の邸宅に当たる土御門《つちみかど》御所があった。これが現在の京都御所の前身であるという。

光厳天皇（北朝初代）が元徳三（一三三一）年にここで即位されて以後、明治初めまでの長きにわたり皇居とされた。その五百有余年の間にも焼失と再建が繰り返され、現在の建物のほとんどは、安政二（一八五五）年に再建されたものである（光厳天皇以後の由来は、宮内庁京都事務所発行のパンフレット「京都御所」によった)。本年(平成二十年)で一五三年になるわけである。

左近の桜も代々植え替えられてきて、幕末の頃にあった桜も昭和に入って寿命が尽き、現在の桜は昭和植樹の桜とのことである(左近の桜の由来については、山田孝雄著・山田忠雄校訳『桜史』〔講談社学術文庫、一九九〇年〕、小川和佑『桜の文学史』〔文春新書、二〇〇四年〕によった)。

それにしても、御所の火事の何と多かったことであろう。明治になるまでの皇室の衰微を物語るものであろう。

久留米城址の左近桜種の山桜

## 久留米城址の桜にまつわる人物たち

さて、久留米城址の山桜は、京都の桜と同じように九日頃が満開である。葉も同時にほころびて清楚である。すぐ傍らの石柱の四面に次のような語句が刻まれている。

[南面] 京都御所左近桜種
寄附　下村政寛

［北面］正四位真木保臣君、従四位大鳥居信臣君、従四位原盾雄君
贈位申告祭紀《（ママ）》念桜
［東面］周旋委員　山田義臣ら八名（氏名省略）
［西面］明治三十一年十月三日　有志中

真木保臣らの叙勲を記念して、下村政寛の寄付になる左近桜の種を播《ま》いたということであろう。「種」というのは、種を播く、その種類と同種の苗木を植える、また継木《つぎき》するとか考えることもできるが、篠山神社の神主さんにお尋ねしたら、「種を播いた」ということであった。花が咲くまでに五、六年は経過したことであろう。種まきから今年で一一〇年になる。

左近の桜が毎年の春に賛えている「三君」の業績を略述する。

●真木保臣　文化十（一八一三）－元治元（一八六四）年

久留米水天宮の神職。二十歳のとき従五位下に叙せられ和泉守に補任された。よって、従五位下大宮司真木和泉守平朝臣保臣が正式の名となった。京都の朝廷の直々の臣であるという自覚、皇室を護るという意識が強かったことを示している。「平《たいら》」は、真木家の始祖は平家と縁が深かったといわれている由来によるという。その生涯を、水天宮境内にある真木神社や山梔《くちなし》窩《のや》（レプリカ）の案内板などをもとに略述する。

学問に励み武道、歌道にも長じ、藩校・明善堂から表彰を受けた。

真木保臣が幽居した山梔窩のレプリカ（久留米市瀬下町・水天宮）

藩政改革を企てるもならず、水田村（現・筑後市水田）の弟・大鳥居信臣のもとに謹慎を命じられた。庭の一隅に小さな家を建て山梔窩と名づけ、自炊の生活を送りつつ付近の子弟を教育した。後には久留米から参加する者もあり多くの人材を養成した。門下生には後に幕末の動乱に活躍し、国難に斃れた者が少なくない。また平野国臣を始め諸国の同志の来訪もあり、これらと連絡して策を練り、朝廷に上書するなど、この山梔窩は尊王討幕の一大策源地となった。幽居十一年、時勢の急迫とともに、

やがて世の春に匂はん梅の花　かた山里の一重なりとも

という一首の和歌を書き残して脱出した。長州藩とともに倒幕の軍を起こし、禁門の変（蛤御門の変）に敗れ、同志十六人と天王山で自刃した。

その頃の情勢は、文久三（一八六三）年八月、公武合体派のクーデターにより、尊王攘夷派公家が京都から追放され、三条実美ら七人が長州へ都落ちした（七卿落ちという）。元治元（一八六四）年六月、新選組が尊王攘夷派を襲撃（池田屋事件）。七月十九日、長州藩兵などが京都へ攻め上るが、

真木保臣像（水天宮）

会津・薩摩軍に惨敗（禁門の変）。戦いは一日で終わったが、町の過半が焼け、焼失家屋二万五千、神社仏閣の焼失五百カ所という（二十一日にようやく鎮火）。

天王山での自刃は、久留米藩では真木（五十二歳）の他、池尻茂四郎（二十五歳）、加藤常吉（三十三歳）、松浦八郎（二十九歳）。筑前は一名、肥後六名、土佐四名、宇都宮二名、以上の十七名であった（姓名、年齢は水天宮境内の案内石碑の文による）。

水天宮境内の真木の銅像は、昭和の大戦に供出、昭和四十三（一九六八）年に再建されたものである。

真木は、明治二十一年、靖国神社に合祀され、明治二十四年四月八日付で正四位贈位。平成七（一九九五）年、「真木和泉守没後一三〇年顕彰事業」が地元を中心に行われた。

弘化四（一八四七）年九月、御所・紫宸殿で孝明天皇の即位式が行われた。真木は拝観の栄に浴し（もちろん殿上ではない）、強く感銘を受けたという。そのときは左近の桜は花を持たないが、桜花の頃にも内裏への参内はあったであろうか。

●大鳥居信臣　文化十四（一八一七）－文久二（一八六二）年

真木保臣の弟。八女郡水田村の大鳥居八兵衛の養子となる。兄・保臣は信臣の家に幽居十一年、その間、信臣はよく兄の面倒を見た。文久二年、保臣が薩摩に脱走するに先立ち、京都へ先発したが、長州馬関で追捕の藩吏に捕えられて護送となった。藩命に背き兄を脱出させた罪は重いと、護送の駕籠《かご》の中で自刃した。

明治二十一年、靖国神社に合祀。従四位追贈。三人の男子も保臣の薫陶《くんとう》を受けて勤王の志深く、国事に尽くした。

●原盾雄（通称・道太）　天保九（一八三八）–元治元（一八六四）年
山梔窩に出入りし、真木と常に行動をともにした。真木が脱走した翌日、道太ら六名も京で討幕の旗をあげることを約束していたので、脱藩、そして大坂の薩摩藩邸に入った。

　真木ら一行、大坂到着。四月二十三日、伏見の寺田屋に集まり事を起こすことを決定。ところが薩摩藩士の上意討ち（島津久光の命令で薩摩の八人が斬られた）で事は失敗した。真木以下の久留米藩士九名は久留米に護送された。翌三年二月、真木らは許されたが、四月、再び真木以下二十八名は投獄された。五

蛤御門（京都市上京区）

月十七日赦免《しゃめん》。六月、道太は上京を命じられ、三条実美卿の護衛兵となった。八月の七卿落ちで長州に入った。

禁門の変で戦った久留米藩士は、真木保臣とその弟である真木外記、真木菊四郎、そして小川佐吉、渕上謙三、原道太、半田門吉、加藤常吉、池尻茂四郎らである。道太は砲弾で重傷。鷹司邸で半田門吉とともに自刃。明治三十一年七月、贈従四位。

水天宮境内の真木神社には、主神・真木保臣、相殿《あいどの》（主神とともに祭られた神）として、大鳥居啓太信臣、原道太盾雄、渕上郁太郎祐広、渕上謙三祐利、水田謙次恒、中垣健太郎幸雄、真木菊四郎弦、半田門吉成久、古賀簡二磐鞆、鶴田陶司孝良、酒井伝次郎重成、荒巻羊三郎眞刀の十二名が、明治維新に際し国難に殉じた一門及び門下生として祀られている（傍点の字は刻字不詳）。別の相殿は、天王山で自刃の十六名である。

久留米城址の左近桜そばの石柱に記銘されている、桜種を寄付した下村政寛は、「久留米城明細図下絵」や「久留米藩家老以下諸役早見表」の作者とのことである。

周旋委員の一人・山田義臣は天保十一（一八四〇）年出生。山田家の養嗣子。馬廻組二百石。明治元年正月の参政・不破美作暗殺グループの一人。戊辰役では軍監・参謀として奥州磐城平まで進んだ。明治二十六年、篠山神社社司となり大正六年まで奉仕。槍術に長じ、また和歌をよくした。大正九（一九二〇）年没。享年八十一（篠原正一『久留米人物誌』菊竹金文堂、一九八一年）。

久留米城址の山桜に、京都御所の左近桜を思う。そして、京を目指して国難に殉じた、郷土の志士たちを偲ぶ桜花の頃であった。

# 久留米藩難異聞

## 舞い込んできた手紙

明治四（一八七一）年、明治新政府の政策に反対して政府転覆のための挙兵を国内各地の同志らと企んだとして、また山口藩脱徒を隠匿、殺害したとして、久留米藩士などが断罪された。世に「久留米藩難」という。

政府は、久留米討伐のため巡察使以下軍隊を派遣したのであった。

平成二十（二〇〇八）年六月初旬、久留米市立図書館より電話があった。

名古屋の人が、拙著『久留米藩難から新選組まで』（二〇〇六年）を読み、尋ねたいことがあるそうです、ということであった。住所を教えてよいですよ、用件は文書でどうぞ、と答えておいた。

数日して、名古屋市内の五十代の女性より手紙が来た。大略、次のような内容であった。

「自分の両親は久留米の者だが、自分が小学低学年のとき千葉に移り住んだ。そして久留米の祖母を呼び入れた。祖母は、先祖に勤王の志士がいて禁門の変で戦い、戦傷、自刃して果てた人がいると話してくれた。子供心に恐ろしい話であった。

最近になって歴史に興味を持つようになり、ネットで調べたところ、父の祖父の兄は原道太といい、禁門の変で自刃したことがわかった。また道太の弟、父の祖父は行雄といい、久留米藩難で七年の刑に服したという。

ネットで『久留米藩難から新選組まで』を知り、出版社に申し込み、絶版のところをどうにか入手した（出版冊数が少なかった次第）。同書を読み、藩難の次第がよくわかったので、八十三歳の父にも読んでもらおうと思っている。

ところで『行雄』のことをもっと知りたいので教えて欲しい。それから『四条たかうた』という人が、ネットによれば、幕末の『七卿落ち』で道太と関係があったらしい。また、行雄の受刑にも関連があるらしいので教えて欲しい」

この春、桜花に包まれて久留米城址の京都御所左近桜を取材した（「久留米城址の御所左近桜」参照）。「原道太盾雄」のことも書いたばかりであった。たまたま、このような時に手紙が舞い込むというのも、一つの奇縁であろう。

## 原道太・行雄と久留米藩難

道太は、真木和泉守に従って戦った久留米藩士の一人である。砲弾で重傷。半田門吉とともに自刃した（元治元年）。二十六歳で没。
原家は久留米の六ツ門にあった。屋敷内に桜の大樹があり、文久二（一八六二）年二月二十七日、脱藩して上京のおり、二度と帰らぬ旅路につかんとするや、桜樹に和歌を刻みつけた。

この春はみやこの花にあくがれむ　おくれず咲けや庭の桜木

後年、道路拡張の犠牲となって樹はなくなったという。和泉守に歌道の教えを受け、優れた歌を残し、また書も立派であった。筑前の平野国臣と親交があり、また清河八郎とも相識り、ともに国事を談ずる同志であった。「七卿落ち」では後を追って長州に下った。
弟の行雄は幼名・普佐次。慶応三（一八六七）年の頃、藩の軍艦・雄飛丸の勘定方であった。久留米藩難の大楽事件に連座、七年の刑で広島に送られた。明治十一（一八七八）年、刑を終え、東京に出て逓信《ていしん》省出仕。まもなく帰郷し、種々の事業に関係し、六十三歳で没。能筆にして文才ありという。次のような和歌を残している。

春のへに袖ふりはへて乙女らが　すす菜すゝしろ摘にけるかも

行雄が藩難、大楽殺害にいかに関わったか、特に殺害にタッチしたかどうか、とても気になりますとの手紙であった。

大楽一行四名の殺害については、三組に分かれて実施された。川島澄之助、松村雄之進、島田荘太郎、大鳥居菅吉ら十四名の名が記されている。十四名の中には、原行雄の名は見当たらない。七年の刑は、松村、川島、行雄ら十六名。

では行雄は何をしたか。第一級の資料である川島澄之助『明治四年久留米藩難記』（金文堂、一九一一年）を繙いてみた。四四一頁にその名があった。

> 十六日の夜大鳥居下宿にて、大会議（十四名出席。姓名省略）。小川納八、原行雄、両名呼べ共其席に来らず、田中龍吉も同断。右十四人、君の為藩難を除ん為、死を以て大楽源太郎にせまり、死を進むれ共敢て聞かず、止を得ず源太郎弟子二人、惣《すべ》て四人、三方に引分かれ、謀り置き手分けして、川辺或は野中に謀り出し、夜中是を討つ（傍線引用者）

行雄の七年の刑は重い方であるから、「同志中に在りて重要の地位を占めていたことが想像せらる」（浅野陽吉「贈従四位　原道太盾雄・原行雄」〔「郷土研究筑後」復刻版第二十三分冊、一九七五年〕）という。殺害に直接には関わっていないが、謀議に加わっていたという罪であろう。

## 四条隆謌のこと

手紙には、「四条たかうた」さんの子孫の人と、料理の会でお会いするかもわかりません、ということが書かれていた。

明治四（一八七一）年の久留米藩難事件関係者に対する捕縛、取り調べの直接的大弾圧は、政府より派遣された巡察使・四条隆謌《たかうた》少将によって徹底的になされた。

政府は、九州諸藩の中に政府に対して不穏を企てる者あるを知り、四条を巡察使として九州に下向させた。明治四年正月、四条少将は兵を率いずして日田に下向し、二月三日に久留米、四日に柳川、次に福岡と諸藩を巡察した。三月、政府は、久留米藩は朝旨を奉ぜずと認め、巡察使の四条は官兵（山口・熊本、二藩の兵）を率いて日田に駐屯。善導寺、高良山まで進んだ。水野正名、小河真文以下、次々に捕縛された。

隆謌は文政十一（一八二八）年生。父は公卿で代々包丁道を司る四条隆生《たかお》。隆謌は文久三（一八六三）年八月の政変で、三条実美ら六卿とともに長州へ下った。

王政復古により復位、上京。鳥羽・伏見の戦いで参謀。仙台、奥羽追討総督などを歴任して明治二年六月に陸軍少将。北九州の巡察使のあと、大阪、名古屋、仙台の各鎮台司令官を経て陸軍中将に昇進。明治三十一年没（篠原正一『久留米人物誌』）。

原家の兄・道太は隆謌を守る立場だったことがあり、弟・行雄は隆謌に捕えられたのである。そして隆謌の子孫と、行雄の子孫とが出会うとは珍しいことである。

名古屋のご婦人も、よく事情を知らないままにお会いするより、由来を知った上でお会いすることになり、よかったと述べられた。何か料理関係の会とのことであるが、四条家は包丁道を司る家柄であったということからも納得できる。

明治四年から今年（平成二十年）で一三七年、歴史は止まることなく流れている。

## 若き薩摩の群像

### 幕末の海外渡航

鹿児島中央駅（もと西鹿児島駅）で列車を降り駅前広場に出ると、高さ一五メートルの雄大な群像モニュメントが目に入る。題して「若き薩摩の群像」という。昭和五十七（一九八二）年三月三十一日、五十万都市達成記念事業として鹿児島市が設置、作者は中村晋也（後述）と、市観光企画課のパンフレットにある。

像そばに「鎖国時代の留学生」という解説文の展示台がある。十九名、各々顔写真入りで経歴が記されている。ところが、後日になって知ったのだが、群像は十七名で構成されているという。二人少ないことに気づかなかった。

二人は薩摩人ではなかった（通訳と土佐藩出身者）。今回は十九人の留学生の記念ではなく、若い薩摩人の意気を表すことが目的だから、薩摩人だけにしたいとの市の要請があり、十九人の構成を十七人の構成に変更したということである。だから「欧州留学生の像」ではなく「若き薩摩の群像」であるという（中村晋也美術館学芸員・野間口泉氏の解説による）。

元治二（一八六五）年三月二十二日（慶応は四月七日から）、イギリス商人グラバーの手引きで羽島《はしま》（鹿児島県串木野《くしきの》市）からひそかに出帆。当時は新選組が活躍していた時代、鎖国中であり、海外への渡航は死罪になるくらい厳しく禁じられていたのである。ゆえに全員、変名を使った。渡航留学の目的は、藩内軍事の近代化、つまり対外防備と軍備拡充のための勉学、武器・紡績機械の購入などであった。

ところで、その頃までの海外渡航の状況を見てみよう。

天明二（一七八二）年、大黒屋光太夫、難破によりロシア上陸。ロシア女帝に謁見。

若き薩摩の群像（鹿児島中央駅前）

天保十二（一八四一）年、中浜万次郎、難破。米国船に救われ渡米。

嘉永三（一八五〇）年、浜田彦蔵、難破。米国船に救われ渡米。

安政元（一八五四）年、橘耕斎、ロシア船に乗り込みペテルブルグに達した。

個人としては以上がよく知られている。ほとんど難破、救助されての渡航である。

外国への派遣使節団では、

万延元（一八六〇）年、遣米使節団。咸臨丸も同時に出帆、渡米。勝、福沢、中浜など。

文久元（一八六一）年、幕府の遣欧使節団。

文久二年—慶応三（一八六七）年、四次にわたって上海渡航派遣団。一次には高杉、五代など。

文久三年、幕府の遣仏使節団。エジプトのスフィンクス前での記念写真が有名。

留学生渡航では、
文久二年、幕府のオランダ留学生十五名。榎本など。

文久三年、長州藩のイギリス留学生。井上、伊藤など。

元治二（一八六五）年、薩摩藩のイギリス留学生。

このあとも留学が続く。慶応元年、佐賀藩イギリス留学三名、慶応二年の薩摩藩アメリカ留学八名、慶応三年の筑前藩アメリカ留学六名などである。なお、慶応二年四月七日、海外渡航解禁令が出ている。また、慶応三年のパリ万国博覧会に、幕府と並んで薩摩も別の独立国のように出品したことは、よく知られている。

以上のように、薩摩のイギリス留学生渡航は比較的早期であった。

## 十九名の留学生の足跡

群像モニュメントそばの解説文「藩命で海外渡航の禁を犯した十九名」を転記しよう。

まず始めに留学生たちをおどろかせたのは、オランダ人夫婦の激しいキスシーンでした。一八六五（慶応元）年といえば、まだ日本は鎖国中。甑《こしき》島大島出張と偽り、イギリス商人グラバーの手引きで、羽島を出帆してから二十日目、シンガポールでの出来事です。それからもう見るもの全てが驚きの連続。アイスクリーム、高層建築、汽車……。六十六日かけて彼らはやっとロンドンに着きました。

　留学生の主な顔ぶれは、三十四歳の新納《にいろ》久修《ひさのぶ》を団長に、引率者として町田久成《ひさなり》、松木弘《こう》安《あん》、五代友厚《ごだいともあつ》、学生では後に初代東京開成学校（現・東京大学）学長となった畠山義成《はたけやまよしなり》、初代文相・森有礼《ありのり》。最年少で当時十三歳だった磯永彦助（長沢鼎《かなえ》）はアメリカに定住し、ぶどう王といわれました。留学生を引率した新納や五代の現地での活躍もめざましく、パリ万国博への薩摩藩の参加を決め、当初の目的であった紡績機械の買いつけにも成功しました。また松木（寺島宗則《むねのり》）は、イギリスとの外交折衝で、倒幕運動への助力を得たのです。

　明治維新という大きな時代変化の中で帰国した留学生たちは、それぞれに大きな役割を担いました。

右記解説文の下部に顔写真つきで留学生のプロフィールが記されているので、要約して紹介する（カッコ内は通称・別称、年齢は出発時の数え年）。

●新納久修（刑部）三十四歳。イギリスやヨーロッパ大陸を視察。翌年三月帰国。家老。

●町田久成（民部）二十八歳。学頭として指導監督。元老院議員。

●松木弘安（宗則）三十四歳。幕府の遣欧使節の一員として二年間ロンドンに滞在したことがある。外交活動によりイギリスの対日政策を変えさせ、幕末の倒幕に役立った。のち寺島姓となる。

●五代友厚（才助）三十一歳。留学生派遣を提案、紡績機械などの買いつけに当たる。翌年三月帰国。大阪商法会議所初代会頭。

●村橋直《なお》衛《え》（久成）二十三歳。ロンドン大学で陸軍学術を学ぶ。翌年二月帰国。戊辰戦争に出征。北海道の洋式農業技術導入に尽力。

●畠山義成（良之助）二十三歳。陸軍学術を学ぶ。慶応三（一八六七）年渡米。法律・政治を学ぶ。明治四（一八七一）年帰国。初代東京開成学校学長。

●名越時成《なごえときなり》（平馬）二十一歳。陸軍学術を学ぶ。翌年八月帰国。

●鮫島尚信《さめじまなおのぶ》（誠蔵）二十一歳。文学を学ぶ。森、磯永とともに慶応三年七月渡米。わが国初の外交官。主にフランスに駐在。

●田中盛明《もりあき》（静州）二十三歳。医学を学ぶ。翌年一月渡仏。慶応三年帰国。日本鉱山業界の発展に尽くした。

●吉田清成《きよなり》（巳次） 二十一歳。海軍測量術を学ぶ。慶応三年七月渡米。政治経済学を学ぶ。明治三年冬帰国。新政府の財政問題と条約改正に取り組む。駐米公使、農商務次官。

●中村博愛《はくあい》（宗見） 二十五歳。化学を学ぶ。留学の翌年一月渡仏。三年間フランスで留学生活。明治元年帰国。藩開成所のフランス語教授、のち公使（オランダ、ポルトガル、デンマーク）。

●市来《いちき》和彦（勘十郎） 二十四歳。海軍測量術を学ぶ。慶応三年渡米。アナポリス海軍兵学校を卒業。明治六年十一月帰国。海軍兵学校長。

●東郷愛之進《あいのしん》 二十三歳。海軍機械学を学ぶ。翌年八月帰国。慶応四年病没。

●森有礼（金之丞） 十九歳。海軍測量術を学ぶ。慶応三年七月渡米。翌明治元年六月帰国。初の駐米大使。駐英公使を経たのち、初代文部大臣。

●町田実積《さねつみ》（甲四郎） 十九歳。海軍測量術を学ぶ。翌年八月帰国。町田久成の弟。

●町田清次郎《せいじろう》 十五歳。幼少のため勉学の科目を決めなかった。翌年八月帰国。町田久成の弟で、帰国後、財部実行と改名。

●磯永彦助 十三歳。幼少のため勉学の科目を決めなかった。ただ一人、スコットランドの古都アバディーンへ移る。慶応三年七月渡米。生涯をアメリカで送り、ぶどう園経営、ぶどう酒製造、ぶどう王といわれた。

●高見弥一《やいち》 三十一歳。海軍測量術を学ぶ。元土佐藩士で、留学の翌年帰国、のち鹿児島で中学校教員、数学を教えた。

●堀孝之（壮十郎） 年齢不詳。一行の通訳。長崎人。新納、五代とともにイギリス国内やヨーロッパを視察。のちパリ万博使節団に随行。

それぞれ、素晴らしい活躍である。引率者の四名、通訳の一名を除き、留学生は十四名である。十四名の平均年齢は二十二歳。十三歳と十五歳の少年は珍しい。

新納、五代は、小銃二八〇〇挺などの武器（現代の貨幣価値で約二十二億円）、紡績機械（現代の貨幣価値で約二十七億円）購入の契約を交わしたという。この頃、薩摩藩では軍艦六隻（そのうち五隻はイギリスより）を購入している。前年には、すでに五隻購入していた。計十一隻の代価は、現代の貨幣価値でおよそ五四〇億円以上とのことである。

留学生たちは、初めはホテル住まいであったが、国もとよりの送金も少なくなり、ロンドン郊外の一軒家で共同生活を始めた。それも不都合になり、教師宅数軒に別れて下宿することになった。

やがて予定を早めて帰国せねばならないことになり、慶応二年の夏頃までには解散することになった。日本に直行は数名で、欧米に渡った者も数名いた。留学期間は一年前後で短いが、百聞は一見にしかず、机上の学問以上に絶大な勉強をしたことであろう。

ここで、留学生のトピックスとして、筆者の眼で見て気づいたことをいくつか取り上げてみよう。案内人、通訳として行動をともにしたホーム氏、自宅に下宿させてくれた教授たち、いずれも日本の留学生に温かく接してくれている。

イギリスで、すでに留学していた長州藩の者数人が薩摩の人間に会いにきた。遠く日本を離れて、やれ尊王攘夷とか、藩と藩との争いとか、全く児戯に等しいことと痛感したであろう。彼らの視野が広くなったことを思えば、全く素晴らしいことである。

わずか十三歳の子供、磯永彦助（長沢鼎《かなえ》と改名）は親切な英人のアドバイスにより、就学のため独りスコットランドへ旅立った。どれほど淋しいことであったろうか。偉いものである。後年アメリカに渡り大成功。

出奔してから十年間消息不明。行き倒れを発見され、三日後に死亡というのが村橋直衛（久成）である。彼は戊辰戦争に従軍。明治五年に北海道開拓使に出仕。ビールの製品化にも成功した（現在のサッポロビールの前身）。戊辰戦のとき、箱館の野戦病院で、負傷者たちを新政府軍の兵たちが殺害しようとするのを、軍監の村橋が阻止したというエピソードがある。

薩摩藩の支藩・加治木《かじき》藩主の分家に生まれたという名門の出の彼が、どうして悲惨な末路を辿ったのだろうか。このことについて作家・吉村昭の著述を偶然眼にしたのでここに転記する。

当時の新聞を繰ってみた。偶然のように、明治二十五年（一八九二）の日本新聞（ママ）に「村橋久成の末路」という見出しの記事を眼にした。

初めに神戸市役所の公告文が掲載されていて、村橋久成として、

「一、相貌年令四十八才　◎身幹（身長）五尺五寸位◎顔丸ク色黒キ方◎薄キ痘《ほう》（天然痘の）痕アリ◎目大ニシテ鼻隆《たか》キ方◎前歯一本欠ク◎頭髪薄キ方
一、着衣　木綿シャツ一枚　白木綿三尺帯一筋
右ノ者、本年九月二十五日当市葺合村ニ於テ疾病ノ為メ倒レ居リ、当庁救護中同月二十八日死亡ニ付キ仮埋葬ス、心当リノ者ハ申出ベシ」

それにつづいて村橋の輝かしい経歴が記され、

「氏は其の後、何事に感じてや、不図《ふと》遁世の志を抱き、盟友親族の留《と》むるを聴かず官（職）を捨てて（家出をし）行衛《ゆくえ》も知れずなりし」（略）

出奔してから行き倒れで死ぬまでの十年間、どのような思いでさすらいつづけたのか。

私は、それを小説に書いてみたいと考え、末裔《まつえい》の人を探し出し、出奔していた間、村橋が書きとめたものがあるかどうか、電話でただしてみた。

電話口に出た婦人は、

「なにも残っておりません」

と、答えた。

（吉村昭『ひとり旅』〔文藝春秋、二〇〇七年〕所収「ある薩摩藩士の末路」）

高見弥一は土佐の郷士。本名・大石団蔵。吉田東洋暗殺の下手人たちの一人。ある薩摩藩士のつてで留学に加わった。留学生のうち、人を斬った者は彼だけであろう。通訳の堀孝之（長崎人）とともに薩摩人ではないので、鹿児島中央駅前の群像モニュメントにその姿はない。

鹿児島中央駅前の群像に戻ろう。一人ひとりが躍動感に満ちており、見ている者も誘い込まれ、そこに加わりたいような高揚感が起こる。傑作である。

作者・中村晋也氏は三重県出身。鹿児島大学に新設された彫刻科の教官として招聘されてから（昭和二十四年）、鹿児島を拠点として制作活動を始めた。彼の作品として鹿児島市内には、大久保利通、川路利良、島津義弘などの像がある。奈良・薬師寺に釈迦十六弟子像を奉納。平成十九（二〇〇七）年十一月、文化勲章を受章した。鹿児島市石谷町に中村晋也美術館がある。筆者は次の機会に十七名の若き群像を再見して、同美術館を訪ねたいと思っている。

## 西郷、そして薩摩藩の悲劇

幕末、薩摩藩は西洋文明を積極的に取り入れた。留学生派遣も、人と国づくりのためである。これらの努力が実り、倒幕、明治維新をもたらした。

そういう国内有数の先進県である薩摩が、明治も十年を経過したとき、「西南の役」で数多の若者の血を流した。まさに時代に逆行というべきであろう。もっと多くの薩摩の青年たちに海外渡航の経験があったなら、西南の役は起こらなかったのではあるまいか。

西郷に従って従軍した村田新八は洋行の経歴があった。彼は今さらながらの狭い日本国内での争いをどんな眼で見ていたのであろうか。陣中でもアコーディオンを嗜《たしな》んだとのことだが、おそらく諦めのメロディーではなかったか。西郷も西洋を見ていたら、むざむざ大久保の挑発に乗るような薩摩の若者たちを育てることもなかったのではあるまいか。

明治四（一八七一）年、大久保利通らは「岩倉使節団」として欧米に渡った。政府の留守番は西郷らに押しつけ、長期にわたって外国を見てきた。貧乏くじを引いたのは西郷である。世界的視点でものを見るようになった大久保に対し、狭い日本国内しか知らない西郷は大きなハンディキャップを負うことになったのである。

「西南の役」は何とむなしいことであったか。鹿児島県は、その後遺症を現代もなお引きずっているのである。九州南部の高速道路が完全整備されたのは昨年（平成十八年）のことである。そして鹿児島―博多の新幹線全線開通はまだ数年先のことである。

鹿児島駅頭に「若き薩摩の群像」が堂々と聳え立っていることの意義は大きいものがある。

# 近代国家と戦争

## 陸軍軍医総監・森林太郎の誤診

森林太郎とは、文豪・森鷗外のことである。津和野藩主・亀井家に仕えた典医の家柄である。幾多の名作を残し、その名は、日本文学史において燦然と輝いている。

文久二（一八六二）年生まれ。東大医学部卒。明治十四（一八八一）年より陸軍病院勤務。明治十七年よりドイツ留学。二十一年帰国。明治三十七年、日露戦争に従軍。明治四十年、陸軍軍医総監。大正五（一九一六）年、予備役になり軍務から退いた。大正十一年永眠。

その間、周知のように多くの文学作品を執筆していた。おそらく、その軍務においては、患者をみる臨床の仕事は少なかったと思われる。

さて、文豪に対して「藪医《やぶい》」などと呼ぶことには、いささか抵抗を感じるものであるが、文豪の「鷗外先生」でなく、軍医総監「森林太郎閣下」のことを述べさせていただくわけで、なにとぞ御容赦下され度候。

## 誤用されている「予後」

その藪医たる所以を語る前に、まず「予後」という言葉について述べていくことにしよう。森の場合は、後に述べるように、そもそも診断、発病の原因を全然間違えているので、その「予後」（病気の進行具合を予測すること）も、単なる予想であって、もちろん治療に役立つ「予後」は全くないわけである。

小説、随筆などを読んでいると、「予後」という言葉が気にかかる。すなわち、多くの場合、「病後の経過」の意味で使われているからである。一例として、「その頃、私は胸の手術を終えて、その予後を兄夫婦の一家の離室に養っていた」（吉村昭「初産」）。

辞書をひくと、「①〔医〕（prognose ドイツ）罹病した場合、その病気のたどる経過についての医学上の見通し。②俗に、病後の経過」と記されている（『広辞苑』第二版〔一九七七年〕及び第六版〔二〇〇八年〕）。他の辞書も①と同じ内容で、②として同じく病気の治癒後の経過とある。

比較的古い辞書はどうであろうか。昭和十九（一九四四）年の『新字鑑』にも「医者が病気を診療して、まえもって判定する今後の症状経過。又、治療した後の病気の経過」とある。ということは、俗に「予後」を病後の経過、病後の日々の意味で使っても誤りとはいえない、ということになっているのであろう。

そもそも「予後」とは、ドイツ語「prognose」（予想、予測）に由来する。医学関係ではいつから「予後」と訳されるようになったのだろうか。難しい日本語訳だと思う。

医学部の臨床講義では、①症状、②診断・予後、③治療の順となる。病気の原因など診断し、予後を判断し、適切な方法で症状の進行を止めたり、治癒するよう努めるのが治療である。よい治療は正確な診断、予後あってこそできることなのである。

このように本来「予後」は治療の前にあり、治療後のことではないのである。いつから「病後」のことに誤用され、一般化したのであろうか。

医学を学んだ者として、今なお「予後」の誤用には大きな異和感がある。できれば「予後」でなく「病後」という言葉を作家の方々にも使ってもらいたいと思う。

## 多くの兵を死なせた誤診

さて、俗に「藪医者」という言葉がある。「予後」で正しい判断ができず、診断も誤る医者のことである。

辞書によると、藪は「野巫《やぶ》」の意で当て字、野巫はいなかの巫医《ふい》、巫医は巫《みこ》と医《くすし》、祈禱《きとう》で治療する人とある（『広辞苑』第六版）。昔は、病気は何かの「タタリ」によるものであろうと思われていたので、祈るわけである。藪医者とは、このような故事に由来する。

ある症状の患者が多く発生し、死亡数も多くなった場合、その病気の原因を早急に見出さねばならない。死ぬだろうという予後だけで原因がわからなければ治療もできない。

発症の原因が、例えば食物の栄養関係にあるようだと、ある医者が正しい診断に近づきかけたとき、それは誤りだ、原因は細菌のためだと強調する医者があり、そのために死者が続いたという誤診例がある。これを「藪医者」という。この人は、誰あろう、陸軍軍医総監・森林太郎である。

海軍側では、原因は白米食にある、すなわち、ある栄養分の欠乏による脚気であろうと考え、食事の改善に努め、患者数も減少し始めたのに、森はこれを断固否定して、多くの兵士を死なせたのである。

森は、ドイツの細菌学者コッホ（結核菌を発見）に傾倒し、まず細菌のことが念頭にあったのである。作家であり、また一人の研究者としてその説を誤ったのであれば、学説の違いですむことであろう。ところが、森は陸軍軍医総監であった。兵士の健康を守るべき軍医のトップであるゆえ、その責任は重大であるというべきだろう。

文豪の名声に遠慮してか、このことは、ひそかにささやかれるだけである。文豪とは関係なし、軍医総監としての「藪」は記されねばならない。

いわゆる「予後」は診断あってこそ治療に役立つのであって、診断不明の「予後」は「予想」であって、医学での「予後」ではない。

一方、海軍側では、軍医総監の高木兼寛は、脚気の原因は白米食にあるようだと考え、麦混合の飯を給与するよう努めた。そのため海軍の脚気は駆逐されていった。

それでもなお、森は栄養説を否定した。「某国の軍隊が米食を麦食に替えた。そのときから脚気患者が減少したという。米食こそ脚気の原因と主張しているが、これは、ただ脚気患者が減少している時期と、麦飯への切り替え時期が一致したにすぎない」と主張し続けた。某国の軍隊とは、日本の海軍のことである。

日露戦争では、陸軍の戦死者は約四万七千名。傷病者三十五万のうち脚気患者は二十一万名。傷病者で死亡三万七千名であったが、脚気で死んだ者は二万七千余名と記録されているという。陸軍で正式に麦飯の給与が実施されたのは、明治三十八年三月からのことであった。脚気の原因が食物中のビタミン$B_1$欠乏によると明確に結論が下されたのは、大正十四（一九二五）年四月の学会においてであった。森は、すでに大正十一年七月に死去していて、細菌説に固執したままで終わったのである。

［追記］現在では栄養面の改善により脚気は極めて少なくなっている。起こっても軽症例が多い。昔は、三大主徴といわれた多発性神経炎、心臓病、全身浮腫をきたすことが多く、歩行困難、不安・胸内苦悶などの精神症状、呼吸困難、心不全、肺水腫などをきたし死亡していたのである。肺結核とともに重大な国民病であった。なお、明治四十三年、鈴木梅太郎が米糠からビタミン$B_1$を主とする成分を発見、オリザニンと名づけた。

## 「爆弾三勇士」物語

### 久留米医科大学予科の爆弾三勇士記念館

広い校内グランドは藷畑《いもばたけ》
ここは昔の工兵隊
緑の学園蛇が棲《す》む

筆者が久留米医科大学予科生のときの寮歌「予科しゃん節」の一節である。昭和の大戦後間もなく医大開設とともに新設され、昭和二十六（一九五一）年三月をもって、学制改革によりその幕を閉じた。当時の校舎は工兵隊兵舎をそのまま使い、板の床を下駄履きのまま闊歩した。旧制中学から入学の筆者など（満十七歳）、将校鞄とやらをさげた元陸軍将校や、海軍兵学校出とやらの連中から見たら、子供みたいなものであったろう。

「人生、教科書の勉強ばかりではないぞよ」

と御節介のオッサンもいた。

この三年間は一般教養課程であり、あらゆる課目があった。文科、理科系とも同じ単位をとらなければならなかった。フランス語、ラテン語は短期間ではとても身につくものではなかった。よく読書もした。娯楽が少ない戦後の時期、映画もよく見たものである。福岡市にもホールがなく、音楽会は学校講堂や映画館などで行われていた。この三年間のささやかな学問が今でもどれほど役に立っているかわからない。食料事情が悪く、いつも空腹であった。旧兵舎の寮住まいの連中は蛇や犬を食ったとかの噂もあった。

閑話休題。最近、ある人から、元工兵隊の中に「爆弾三勇士記念館」があったが、その建物を知らないかという問い合わせがあった。予科在学中には記念館の話は聞かなかった。つらつら考えるに、学園祭のとき写真展を開いたコンクリートの小さい建物がそれではなかったかと思い至った（戦後は、戦時中の記念物は捨て置かれたのである）。

その後の調査により、正門入ってすぐ右にあったこの建物がやはり記念館であったことが確認できた。現在は消失している。工兵第十八連隊（当時は大隊）の「爆弾三勇士記念館」であった。

## 決死の破壊作戦

昭和七（一九三二）年二月、今の中国・上海近くの廟行鎮《びょうこうちん》で、わが陸軍の混成第二十四旅団の碇歩兵大隊が敵陣地を攻撃していた（上海事変）。

鉄条網が張りめぐらされて進撃困難であった。工兵隊では急いで破壊筒を八個作成して、二十一日夕刻、隊長以下三十六名からなる破壊隊に交付した。次頁の表のように五つの班で、組は八組。一組は三名で一本の破壊筒を抱えるのである。二十四名が突進することになった。破壊筒は全長四・五メートル、爆薬量は一六キログラムである。

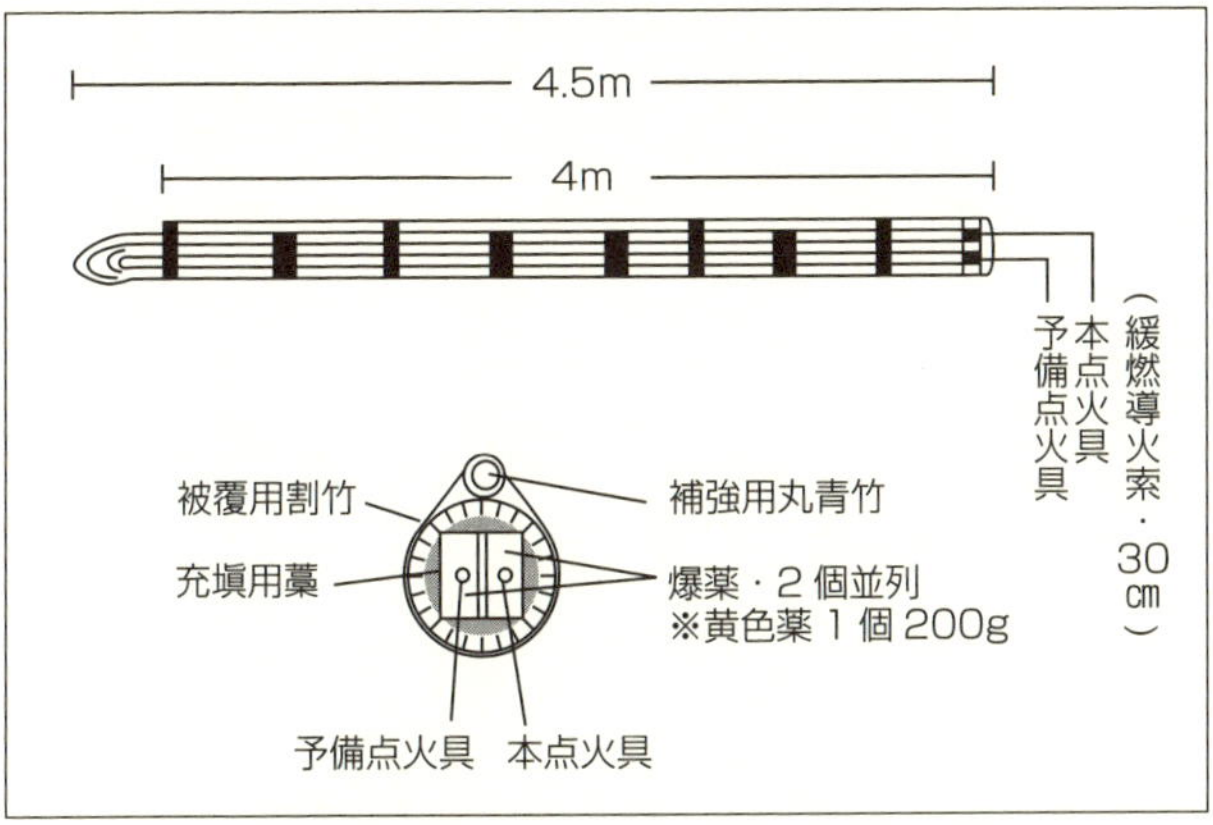


破壊筒の図（『工兵第十八連隊史』〔久留米工兵史料保存会，1984年〕による）

二十二日早朝、大島隊の三つの組は、どうにか鉄条網に辿りつき爆破できた。ときに五時三十分であった。

東島隊は鉄条網前五、六メートルに土盛り墓地を発見、その裏で待機。敵の猛射は続き、歩兵中隊に援護射撃を頼んで、強硬突進となった。

第一班の第一組は鉄条網直前で一名戦死、二名負傷。第二組も負傷、倒れた。第三組は三人とも戦死してしまった。第一班長は破壊筒挿入後の点火は至難と見て、二つの組に点火済みの破壊筒を抱えて突進するよう命じた。この破壊筒は三十秒で爆発するようになっていたという（三十秒というのは不可解である。鉄条網前五、六メートルで待機とある

■破壊隊の構成（『工兵第十八連隊史』より）

| 分区 | 破壊隊 | 班 | 班長氏名 | 組 | 班及び組員氏名 | | |
|---|---|---|---|---|---|---|---|
| 1 | 長　少尉・大島詰男<br>伝令　一等兵・梅崎常二郎<br>衛生下士官　曹長・河野誠 | 1 | 上等兵・宮崎愛治 | | 一等兵・高野岩雄 | 一等兵・永野政雄 | 一等兵・田中貞次 |
| | | 2 | 伍長・内田亀雄 | | 上等兵・柴田嘉吉 | 一等兵・佐々木安 | 一等兵・田中秀雄 |
| | | 3 | 上等兵・吉森一郎 | | 一等兵・川崎繁雄 | 一等兵・千住一雄 | 一等兵・金城正方 |
| 2 | 長　少尉・東島時松<br>伝令　上等兵・前田虎雄<br>一等兵・海野辰雄<br>衛生兵　上等兵・吉田輝成 | 1 | 軍曹・馬田豊吉 | 1 | 一等兵・浜川京一 | 一等兵・小崎清 | 一等兵・持田元吉 |
| | | | | 2 | 一等兵・中場清八 | 一等兵・小佐々吉郎 | 一等兵・山崎栄 |
| | | | | 3 | 一等兵・林田正喜 | 一等兵・野口好平 | 一等兵・坂井栄一 |
| | | 2 | 伍長・内田徳次 | 1 | 一等兵・作江伊之助 | 一等兵・江下武二 | 一等兵・北川丞 |
| | | | | 2 | 一等兵・北村五郎 | 一等兵・梁瀬三四二 | 一等兵・杉本琢一 |

ので、近距離のためであろうが、退避することを考えると一分くらいは必要でなかったかと思う。敵の射撃を受け爆発するのを予防するということだろうか。一分間あれば三勇士は生還できたと思う）。

第一組の北川一等兵が傷つき、はずみに三人は転倒。数秒遅れたため破壊筒を鉄条網に挿入と同時に爆発、三人の勇士は散華した。第二組は破壊筒を鉄条網に挿入し爆発。無事退避できた。

七名もの戦死があったのである。碇大隊は突撃前進、ときに五時四十分過ぎであった。爆死した第一組の三名が、作江伊之助《さくえいのすけ》、江下武二、北川丞《すすむ》の「三勇士」である。三名は感状を授与され、伍長に二階級特進した。

## マスコミによって仕立て上げられた美談

このニュースの第一報は、二月二十四日の新聞に載った。

「自己の身体に点火せる爆弾を結びつけ身をもって鉄条網中に投じ自己もろ共に粉砕、爆死を遂げ歩兵の突撃路を開いた」(「朝日新聞」)

「体に点火せる爆弾を結びつけ鉄条網に飛び込んだ。さしも頑丈な鉄条網の三カ所を見事に破壊して……」(「毎日新聞」)

感激した読者は、続々と弔慰金を新聞社に寄せ始めた。

二十六日、朝日は詳報を載せた。「身体に爆弾を結びつけ」ではなく、三人の工兵(一等兵)は、実際には一本の長い爆薬筒を抱えていた、と修正した。ただし、あらかじめ自爆を決心していたという、自己犠牲のストーリーの核心は変えなかった。朝日は社説で「肉弾三勇士の壮烈なる行動も、実に神ながらの民族精神の発露による」と書き立てた(「『肉弾三勇士』物語」、「朝日新聞」二〇〇七年六月十三日付に再掲)。

この今の新聞記事には、「新聞が仕立てた英雄」「特ダネ競い、美談作り」とある。当時は朝日に限らず、毎日なども同様であった。

自爆を決心していたか否かについては、「お国のために」と散った、その「死」を悼《いた》むに当たり、それを詮索するのは意義ないことと思う。むしろ、生還を期していたとした方が「救い」があろう。大戦末期に「特攻」を強制した軍主脳部も、この昭和初期においては、「特攻」を強制するほどまでには狂っていなかったと思いたい。

「あらかじめ死を決意した勇士たち」という美談に、新聞が書き立て雑誌が追いかけ、映画、演劇界も飛びついた。文楽にまで登場した。日本中が沸き、社会現象そのものとなった。毎日新聞社、朝日新聞社は、社からの弔慰金贈呈などの企画やイベントを競い合った。

各新聞者は、三勇士を賛える歌を製作した。朝日は一般から募集し（応募数十二万四千余通）、一等当選の歌詞を山田耕筰に作曲委嘱。三月に同じく山田の指揮で発表演奏会を行い、参加者全員で歌ったという。

報知も選定、作曲は中山晋平。国民新聞も作った。文部省唱歌としても製作され、その他数曲が作られた。これらの中で最も有名なのが、東京日日新聞社、大阪毎日新聞社の懸賞募集（応募数八万四千余通）当選歌の「爆弾三勇士の歌」である。十番まであるが、ここでは一、二、六番のみを掲載する。

①廟行鎮の敵の陣

我が友隊すでに攻む
折から凍る二月《きさらぎ》の
二十二日の午前五時

②命令下る正面に
開け歩兵の突撃路
待ちかねたりと工兵の
誰か後《おくれ》をとるべきや

⑥大地を蹴りて走り行く
顔に決死の微笑あり
他の戦友に遺せるも
軽く「さらば」と唯一語

「二十二日の午前五時」と、筆者も小学生の頃（昭和十五年頃か）歌った思い出がある。ここでも「死の決意」を歌い上げている。この一等当選歌の作詞者は、当時すでに詩壇の大家であった与謝野寛（号は鉄幹、妻は与謝野晶子）であった。さすがに歌詞は優れているが、曲は

久留米市公会堂前にあった爆弾三勇士の等身大像

案外、平凡のようである（陸軍戸山学校軍楽隊作曲）。

陸軍大臣は、三勇士の母たちを官邸に招き顕彰した。美談の影に、母なる女性の涙ありであろう。

## 久留米における三勇士の顕彰

三勇士の工兵隊があった久留米市では、市公会堂前に突進する三勇士の等身大銅像が建てられた（戦時中の金属供出で消失）。工兵隊作業場には、三勇士記念碑が建てられた。郷土の画家・坂本繁二郎も、依頼により三勇士の突撃図を描いている。昭和四十、五十年代になっても久留米市内に三勇士の碑が二、三建てられている。

三勇士の軍服や記念の品々を展示した記念館は、工兵隊正門を入ってすぐ右の場所に、昭和八（一九三三）年に建てられた。昭和二十年、敗戦とともに展示品は撤去された。建物自体も昭和二十六年以降に撤去されたようである（筆者の在学中、昭和二十六年三月までは現存していた）。

三年間眺めていて、記念館とは知らなかった迂闊さが残念である。連合軍総司令部の指示により、軍国主義を助長するようなものとして、無視、忘れられるべき存在であったのだろう。

三勇士の銅像は東京にも建てられ、東京名所の一つとして有名になり、写真帖や絵葉書にもなったが、戦後ＧＨＱの追及を恐れて撤去されたという。なお、靖国神社参道脇の大灯籠に三勇士の銅版レリーフがあるとのことである。

久留米市は、かって軍都と呼ばれた。師団もあり、予備士官学校もあった。現在は、自衛隊駐屯地もある。参考までに、工兵第十八連隊の戦歴について、『工兵第十八連隊史』（久留米工兵史料保存会、一九八四年）から引用する。

工兵第十八連隊は、明治四十年第十八師団の創設によって、工兵第十八大隊で誕生し、同四十一年十月創設となった。大正十四年の軍備縮小によって第十八師団は廃止され第十二師団に改編された。

大正三年の日独戦争出征と、昭和七年第一次上海事変に出動した戦歴あるのみ。ひたすら工兵技術の錬成に努むるほか、関東大震災及び各地の災害の復旧と救援に、あるいは施設工事の新設に当り協力と援助の為に出動した。

昭和十一年満洲派遣部隊として駐屯任務についた。同年五月一日、工兵第十八連隊に昇格。（略）満ソ国境の堅き守りにつくこと八年に及んだ。（略）同十九年十二月、第百二十師団工兵隊の編成完結、大陸令第一二〇九号動員下令は自らの部隊編成を完結して、月末には駐屯地出発。同二十年二月、台湾に移駐した。（略）同二十一年三月一日、部隊の復員終る。

## 悲劇への序曲

昭和六（一九三一）年、満州（中国東北地方）を占領する目的で、日本軍（関東軍）は満州鉄道を破壊。中国軍が行ったとして出動。関東軍参謀・板垣征四郎の独断であった。

「軍が急いで動くのはよくない、あくまで外交交渉によって——」
「何を言うのか！　すでに統帥権は発動されたのだ（略）」
花谷少佐（特務機関員）は軍刀をぬき、「この国賊め、統帥権への口出しは許さん！」と森島領事を脅した。
（『読める年表・日本史』自由国民社、二〇〇三年）

統帥権とは、軍は天皇直属のものである、政府の承認など必要としない、独断で行動してよろしいというものである。

昭和七年一月二十八日、日本海軍の陸戦隊が中国十九路軍と戦争状態に入った。この上海事変のきっかけは日本人僧侶が中国人に襲われたことだが、これは日本軍特務機関の暗躍で中国人を煽動したためであることが戦後、田中隆吉の証言で判明している。

二月一日、閣議は陸軍の上海出兵を決議した。『工兵第十八連隊史』には、

昭和七年二月二日二十一時四十五分、第十二師団長木原清中将から、歩兵第二十四旅団司令部及び小倉「歩十四」福岡「歩二十四」大村「歩四十六」久留米「歩四十八」の各歩兵連隊と工兵第十八大隊、師団通信隊に「下元混成旅団の指揮に入り二十四時間以内に出動準備を完了すべし」との命令が下った。

久留米医科大学予科の門として転用されていた工兵第十八連隊の正門

とある。

残念なことに、中国侵略の始まりであった。太平洋戦争（大東亜戦争）はアメリカの必要以上の圧迫に対する自衛のための戦争であったと思うが、満州（東北）、支那（中国）に関しては侵略そのものであったと認めねばならない。

上海事変の真相はこのようであった。当時は全国民一丸となって戦争に協力した。軍部はさらに戦意高揚に努めた。新聞などマスコミも協力した。筆者も日本の正義と勝利を信ずる軍国少年であった。

「三勇士」は、その炎の流れをなお強くするための恰好のトピックとなったのである。「死を決意し」という自己犠牲を強く美化することは、大戦末期の「特攻」の前兆であると思う。三勇士に関する美談は、軍部、マスコミの演出とはいえ、戦意の高揚に資するところ大であった。亡国を招いた十五年戦争の悲劇への序曲であった。

最後に「爆弾三勇士の歌」の十番を掲げる。

忠魂清き香《か》を伝え
永く天下を励ましむ
壮烈無比の三勇士
光る名誉の三勇士

［追記］この度、執筆に当たり資料を見て、三勇士の他に四名の戦死者があったことを知った。無名の死であった。三勇士の突入の詳細については、現場にいた人の証言記録もあるとのことで、その紹介記事を読んだが、あえて省略した。

勇士たちが通ったであろう「工兵第十八連隊」の正門は、そのまま久留米医科大学予科の門となり、現在は久留米大学商学部の門が建てられ、昔日の面影を残していない。

# 悲劇の提督・山本五十六

## 山本五十六は「凡将」だったのか

元帥海軍大将・山本五十六《いそろく》の名を知らない人たちも多くなった。アメリカが、今なお唱える「リメンバー・パールハーバー」。あの真珠湾攻撃の日本航空艦隊などを統轄した連合艦隊司令長官である。この作戦は彼が立案し、周囲の反対を押し切って断行したものである。

しかしながら、アメリカの国力を知る彼は本来、開戦には反対であった。それ以前の三国同盟（日本、ドイツ、イタリア）にも強く反対していた。右翼から狙われる危険さえあった。同じく三国同盟反対の米内《よない》光政海軍大臣が、次官の山本を安全のため海に送ったともいわれる。

前大戦中の軍人で、最も多く本に書かれたのは山本ではあるまいか。平成十九（二〇〇七）年にも、ずばり『山本五十六』（半藤一利著、平凡社）という新刊が出た。真珠湾攻撃に関する新著も、今なお発刊されている。

大戦初期の山本の人気は絶大なものであった。ところが、早くも真珠湾攻撃の翌年、昭和十七（一九四二）年六月五日、ミッドウェーの惨敗となった。以後、日本軍は守勢一方となっていく。そして昭和十八年四月十八日、ソロモン諸島ブーゲンビルで、アメリカ陸軍機の待ち伏せに遭い壮烈な戦死。「悲劇の提督」といわれた。

以前からもその声はあったが、最近、山本は「凡将」であったという説をよく見かけるようである。どのような理由で「凡将」というのであろうか。それらのこと、そして世俗的な「人間・山本」の一面にも触れてみたいと思う。

## 日本軍、そして山本はいかに戦ったのか

昭和十四（一九三九）年、ドイツ、ポーランド侵攻。
昭和十五年九月、日本軍、北部仏印（フランス領インドシナ）進駐。
昭和十五年九月、日独伊三国同盟調印。ドイツ、フランスを占領。
昭和十六年四月、日ソ中立条約調印。
昭和十六年七月、日本軍、南部仏印進駐。
　八月、アメリカ、対日石油輸出禁止。
　十月、東条内閣成立。
　十一月二十六日、アメリカ、日本へ「ハルノート」を提示。
　十二月八日、真珠湾を奇襲、マレー半島上陸。
　十二月十日、マレー沖海戦。十二月初め、ドイツのソ連への侵攻頓挫し始める。

昭和十七年一月、マニラ占領。二月、シンガポール占領。

このように破竹の勢いで日本軍は進んでいった。

ハワイの戦果は、撃沈または完全破壊が、五隻の戦艦を含む十隻。軽微な損傷が三隻の戦艦を含む八隻。航空機完全破壊一八八機、損害一五九機の計三四七機。アメリカ兵戦死二三三四名、負傷一三四一名。わが方の損害、飛行機二十九、搭乗員戦死六十名。ただし、アメリカ航空母艦は不在であった。また、石油タンクをほとんど攻撃していなかった。

十二月十日には、マレー沖でイギリスの誇る戦艦二隻を、基地航空隊の航空機のみで撃沈した。マニラ占領、シンガポール占領と続き、国民は日の丸の旗を振って狂喜した。山本の勇姿も新聞に出て、名将の名を欲しいままにした感があった。

ところが、昭和十七年四月十八日、空母（航空母艦）より発進したアメリカ機十六機（B25）による東京、名古屋、神戸などへの初空襲があった。被害軽微とはいえ、軍民の受けたショックは大なるものがあった。

山本は、ただちに対策に走った。すなわち、アメリカ空母艦隊を西太平洋に誘い出して、これを殲滅することにした。ミッドウェー島占領計画である。空母四隻、戦艦二、重巡二、駆逐艦十二、輸送船十二隻、上陸用兵士・陸軍三千名、海軍陸戦隊二個大隊の堂々たる布陣で、山本は後方三百浬の戦艦から後方支援となっていた。参加兵力（艦艇、航空機など）はアメリカを圧倒し、まさに鎧袖一触《がいしゅういっしょく》の気分であったのである。

零式艦上戦闘機22型（模型）。全長9.1m，全幅12m，1100馬力×1，最高速度530km

ところが、敵空母の所在さえ充分確認できぬまま、あっという間に正式空母四隻を失ったのである。熟練搭乗員の戦死も多く、以後、日本軍は守勢一方の戦いを強いられることになった。昭和十七年八月七日、アメリカ軍、ガダルカナル島上陸。昭和十八年二月八日、日本軍、ガダルカナルより残兵撤退。その間、ソロモン諸島周辺は激烈な海空戦の連続であり、日本軍は次第にその兵力を消耗していった。

昭和十八年四月初め、山本は総力をあげて敵を叩かんと「い号作戦」を行った。これは、空母や基地航空機をまとめての、三五〇機による総攻撃であった。戦果は大であるように報告されたが、事実は、ほとんど効果がなかった。

四月十八日、山本はブーゲンビル島前線基地の兵士たちを激励しようと訪問を思い立った。その周辺は一応日本軍の制空権下にあったが、中止を勧める声もあった。護衛戦闘機（ゼロ戦）も六機と少なく、これも増加を進言されたが、山本が断ったという。

山本以下、将官、兵は二機の一式陸上攻撃機でバラレを目指した。しかし、山本の行動を知らせる暗号電報をアメリカ軍は完全に解読していて、ジャングルの中に撃墜され戦死したのであった。その死が日本国民に知らされたのは五月二十一日であり、六月五日に国葬が行われた。

山本の戦いは、わずか一年五カ月弱で終わった。

山本は開戦には反対であった。しかし、アメリカが提示した「ハルノート」は、最後通牒ともいうべきものであった。石油輸出全面禁止、三国同盟破棄、日本軍の中国、満州からの撤退など、これは日清戦争の頃に戻るようなもので、到底受け入れられるものではなかった。しばらく返事を延ばして時を稼いだとしても、そのうち、石油がなくなり動きがとれなくなる。開戦しか道はなかったのである。

一式陸上攻撃機11型（模型）。全長20m，全幅25m，1500馬力×2，最高速度428km。山本機は21型（胴体上の水滴型張り出し銃座がない）であったかもしれない

山本が連合艦隊司令長官に指名されたとき、断る道もあったであろう。しかし、戦いを好まなくても、祖国が立ち上がらねばならぬとき、どうして逃げることができよう。

彼の生家は高野といった。代々長岡藩士の家柄で、祖父・父ともに戊辰戦争で戦死したという。海軍少佐となった大正五（一九一六）年、家老・山本帯刀《たてわき》の名跡をついで山本五十六となっていた。

彼のプランは、初め、敵に大打撃を与えてその戦意を喪失させ、講和に持ち込むというものであった。その期間は、近衛首相に答えたように、一年ないし一年半の予定であっ

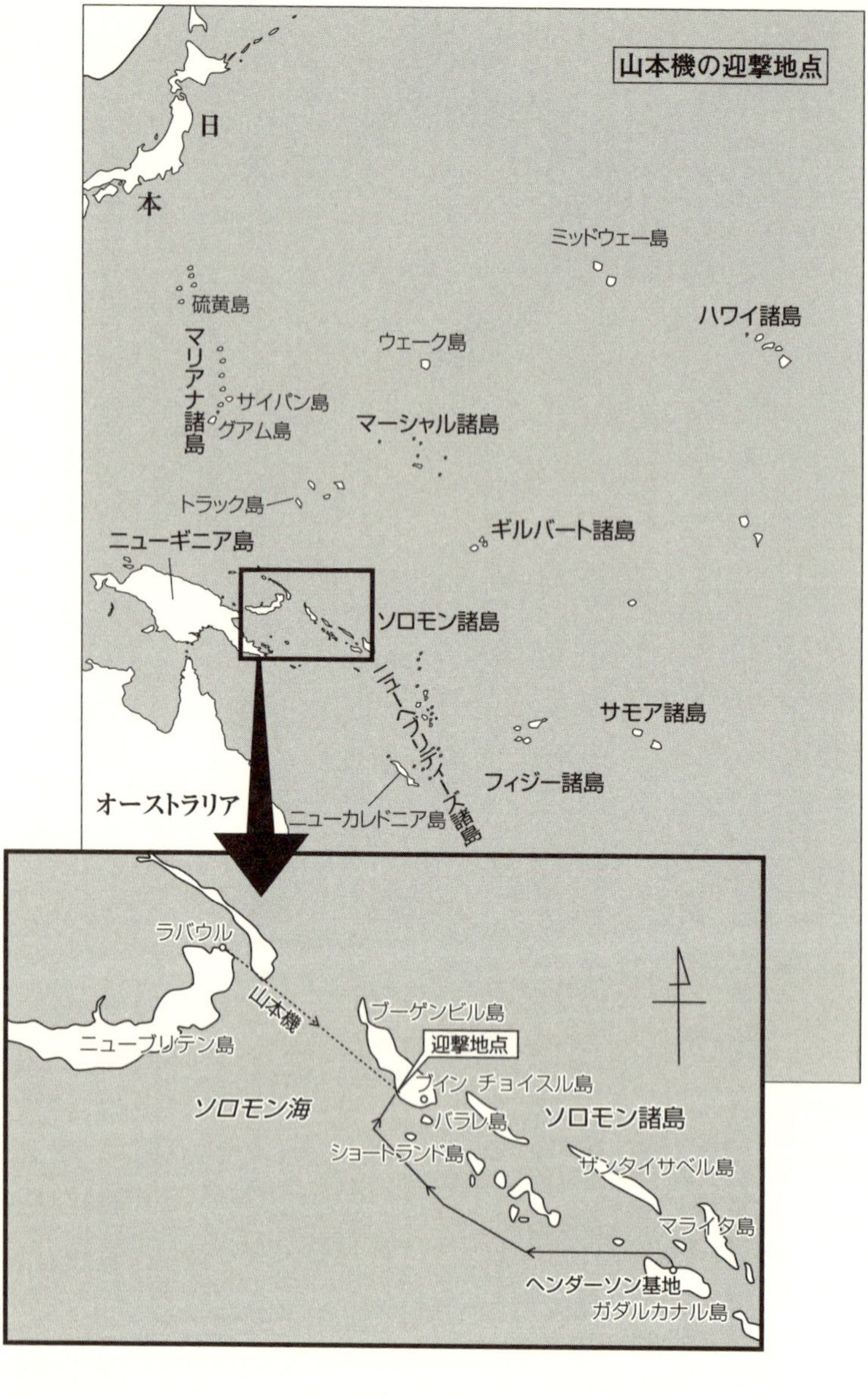
山本機の迎撃地点
日
本
ミッドウェー島
硫黄島
ハワイ諸島
マリアナ諸島
ウェーク島
サイパン島
グアム島
マーシャル諸島
トラック島
ギルバート諸島
ニューギニア島
ソロモン諸島
ニューヘブリディーズ諸島
サモア諸島
フィジー諸島
オーストラリア
ニューカレドニア島
ラバウル
山本機
ブーゲンビル島
ニューブリテン島
迎撃地点
ブイン
チョイスル島
ソロモン海
バラレ島
ソロモン諸島
ショートランド島
サンタイサベル島
マライタ島
ヘンダーソン基地
ガダルカナル島

た。それより長びけば、国力の差で必敗は避けられぬと見ていたのである。

真珠湾でアメリカ艦隊を砕き、日本軍は南方作戦をスムーズに行うことができた。ところが思わぬことに、ミッドウェーでの惨敗。ここに、大打撃を与えて早期講和という山本の構想は完全に消滅したのである。

ミッドウェー後の山本は、ひそかに死に場所を求めていたのではないだろうか。

### 山本の意外な一面

山本には恋人がいた。昭和五(一九三〇)年頃からの交際であったとのことである。もと芸妓で河合千代子という名であるそうな。このことをスクープしたのは「週刊朝日」昭和二十九年四月十八日号である。

この女性とのことは、阿川弘之氏の『新版 山本五十六』(新潮社、一九六九年)に詳述されている。同書のあとがきに、「私としては遺族を傷つける意志は少しも無かったけれども、名誉毀損の故を以て告訴を受けた」「それから間もなく一応の落着を見た」と述べてある。どのような事件かわからないが、多分、この女性問題ではなかったろうかと愚考するところである。あるいは、全く他のことかもわからない。

山本ファンといわれる阿川氏でさえ書いている女性とのこと。氏も好意をもって温かい目で見ているといってよかろう。筆者(松本)も、山本の純情さには好感が持たれる次第。武官時代にアメリカで過ごし、その空気を吸い理解し、そして前人未到の太平洋横断進攻作戦を立案するほどの叡智と豪胆な発想。これはとてもコチコチの堅物平凡人間のなせる業《わざ》ではない。

山本は、開戦直前の昭和十六年十二月三日、宮中参内のため上京、そして青山の自宅に一泊した。これが家族との最後の晩餐であったと、長男の山本義正氏は述べられている。一尾の鯛が出されていたが、誰も箸をつけなかったという。

以下、千代子とのデートのことについて、阿川氏の書より引用、概略を記す。

昭和十六年十一月二十六日、広島県宮島口で会い、厳島の「岩惣」に投宿。この二十六日は、南雲忠一中将率いる日本艦隊が千島列島択捉《エトロフ》島の単冠《ヒトカップ》湾を、ハワイに向かって出港した日である。「新高山《にいたかやま》ノボレ」(開戦の暗号)の電信の頃、山本は梅野島の千代子を訪ねていた。

十二月三日、自宅に一泊し、翌四日、千代子のところに寄り茶漬を食べた。五日朝、戦艦「長門」に帰った。その頃の千代子への手紙。

「此の度はたつた三日でしかもいろいろ忙しかつたのでゆっくり出来ず、それに一晩も泊れなかつたのは残念ですが、堪忍して下さい。それでも、毎日寸時宛でも会へてよかつたと思ひます(略)薔薇の花はもう咲ききりましたか。その一ひらが散る頃は嗟呼《ああ》。どうかお大事に、みんなに宜敷。写真を早く送つてね。左様なら」

十二月二十八日付、「長門」より。

「私はたつた一人の千代子の手紙ばかりを朝夕恋しく待つてをります。写真は未だでせうか」

昭和十七年五月十三日、呉の吉川旅館に千代子と泊まり四晩を過ごした。これが最後の出会いとなった。病気でやせ細った千代子を横抱きにして風呂に入れたという。

五月二十七日付、戦艦「大和」から東京の千代子に宛て、

「私は国家のため、最後の御奉公に精根を傾けます。その上は――万事を放擲《ほうてき》して世の中から逃れてたつた二人きりになりたいと思ひます。二十九日にはこちらも早朝出撃して、三週間ばかり洋上に全軍を指揮します。多分あまり面白いことはないと思ひますが。今日は記念日だから、これから峠だよ。アバよ。くれぐれもお大事にね。

うつし絵に口づけしつつ幾たびか千代子と呼びてけふも暮しつ」

という手紙を書いている。「記念日」というのは海軍記念日（日本海海戦の勝利の日）のことである。「多分あまり面白いことはないと思ひますが」と書いているが、まさか惨敗するとは夢想だにしなかったであろう。

千代子は山本より二十歳も若かったという。昭和五年、ある会合で山本は二十六歳の千代子と出会い、妹として交際しようと言ったらしい。ところが千代子の方が熱心になっていって、九年のある夜、結ばれた。山本は、妹に手をつけてすまないと謝ったそうである。

それにしても、五十九歳の男性が中学生のような手紙を書くとは、何と純情なことか。このことは、山本の品位を下げるものでもなかろう。昔の武将は数名の側室を抱えていた。しかし現代の「武将」は、「側室」を伴うとき、変装して人目を避けねばならなかった（山本も眼鏡

やマスクを使った）。これは時代の流れであろう。

これらの手紙は、千代子が公開したのであろうか。ここで重大なことは、「二十九日にはこちらを早朝出撃して、三週間ばかり洋上に全軍を指揮します」と、軍の極秘事項を述べていることである。恋は盲目とか。残念ながら、山本にも「慢心」があったことを認めねばなるまい。

## 筒抜けだった日本軍の作戦

大艦隊は、空母四隻を囲むようにしてミッドウェーを目指した。敵艦は少ない。一撃で殲滅し、上陸作戦も行うつもりであった。ところが、この作戦は町の床屋さえ知っていたといわれる。またアメリカは日本軍の暗号電報を解読していた。

ミッドウェー島攻撃は敵の強力な反撃に遭い、再度の空襲が必要となった。飛行機の魚雷を陸用爆弾につけ替えたとき、空母らしき艦を伴う敵艦隊の発見無電が偵察機よりもたらされ、また魚雷へのつけ替えと大変なことになった。あと五分間で終了、発艦というときに、突然、急降下爆撃機の爆弾を浴び、あっという間に正式空母三隻が沈没。残った一隻の空母は、敵空母一隻を撃沈したものの、やがて沈没。

魔の五分間といわれるが、そもそも、敵空母の存在や位置をぎりぎりまで知らなかったとは、勝つはずもない。まさしく、敵を侮り油断の一語に尽きる。

こちらの行動は、暗号を解読され筒抜けであった。日本軍はミッドウェーを「ＡＦ」の暗号で通信していた。「ＡＦ」がミッドウェーであることを確認するため、アメリカ軍は「ミッドウェー島の貯水タンク故障」という偽電を味方に平文で送った。これを傍受した日本軍は、「ＡＦの貯水タンク故障」と友軍に知らせた。これでもって「ＡＦ」とはミッドウェー島であることが確認されたという。

昭和十八（一九四三）年四月十八日、山本のブイン基地訪問のスケジュールも全部敵に筒抜けであった。しかも、山本が時間を正確に守る性格であることまで知っていたという。

当日のスケジュールは下記のようになっていた。

午前六時〇分、ラバウル発（陸攻＝陸上攻撃機で）
八時〇分、バラレ着
八時四十分、ショートランド着（駆潜艇で）
九時四十五分、ショートランド発（駆潜艇で）
十時三十分、バラレ着
十一時〇分、バラレ発（陸攻で）
十一時十分、ブイン着
午後二時〇分、ブイン発
三時四十分、ラバウル着

ロッキードＰ38Ｆライトニング戦闘機（模型）。全長11.53m，全幅15.85m，1325馬力×2，最高速度666km

あと十数分でバラレに着くという時、突如十六機の敵戦闘機ロッキードＰ38Ｆの攻撃を受けた。午前七時半過ぎ（現地時間九時半頃）であった。ここでも、暗号は解読され、予定時間通りの攻撃であった。後日、解読されたのではと検討されたが、その疑いはなかったと日本軍は結論づけたそうである。日本軍の情報収集の軽視、幼稚な暗号システムには、あきれるばかりである。その頃の日本軍人のＩＱ（知能指数）は、どんなものだったろうかとさえ思う。

山本の一番機は全員死亡。二番機は三人の生存者があった。護衛の六機のゼロ戦は全機帰還した。しかし、六人の搭乗員は激戦地に出されて、やがて五人は戦死。戦後まで残ったのは一人であった。その柳谷謙治飛行兵長（当時）を昭和五十年頃、作家の吉村昭がインタビューしたときの録音テープがある（「山本長官機撃墜さる」文春カセットライブラリー、一九八九年）。

「Ｐ38ハ十六機ダッタ由デスガ、カレラハ私タチトノ交戦ヲ極力避ケ、目標ヲ二機ノ陸攻機ニ絞ッテイマシタノデ、六機ノ零戦デハ手ガマワラナカッタノデス」

「私ハ、口惜シク（略）帰投スルＰ38ヲ単機で追ッタノデス。弾丸ハ命中、Ｐ38ハフキ出ル燃料ヲ白イ尾ノヨウニ引キナガラ海ノ方へ去ッテユキマシタ。ソノ機ハ、基地マデ帰レズ墜落シタト思イマス」

「米軍ノ公式記録ニヨリマスト、零戦ヲ二機撃墜シタトシテイルソウデスガ、ソノヨウナ事実ハアリマセン」

柳谷はインタビュー当時、五十代中頃であろうが、若々しい元気な声である。

「ラバウルの東飛行場を離陸したのは九機であったが、故障などで三機が引き返して六機だけになった」という、元航空参謀の証言があるが、このことについてのあるジャーナリストの質問に、柳谷は、「あの日、ラバウルの東飛行場を飛び立ったのは、第一、第二小隊の二つだけで、最初から六機だったことは、間違いありません」と答えている（高城肇『六機の護衛戦闘機』光人社、一九七三年）。

アメリカも喪失一機と発表しているので、柳谷が撃墜したのであろう。

## 検死記録は語る

墜落した山本搭乗機を捜索することになった。密林のジャングルを進むのは極めて困難であった。四月十八日、三隊が密林に分け入った。最初に遭難機を発見したのは、十九日午後三時頃であった。一隊の浜砂元陸軍少尉の証言によると、「機体からちぎれ飛んだ大将の座席が地上にまともに静止し、大将もまたこれに生ける者のごとく座しておられた（略）少しも泥土に汚されていない純白の手袋、しっかりと握られた古武士を連想させる軍刀、端正にして崩れていない姿勢、変わったところのない顔面、引き締った口元（略）名将とうたわれた長官のりっぱな最期であった」（蜷川《にながわ》親正『山本五十六検死ノート』光人社、一九七一年）。

山本機墜落現場の状況を、当時（昭和四十年代頃）の生存者から詳細に聞き追究されたのが、蜷川親正『山本五十六検死ノート』である。氏は、山本を検死した蜷川親博《ちかひろ》軍医中尉（当時）の実弟であられる。同軍医中尉のメモには、

頭部　顔－白色　やや浮腫、出血及凝血を認めず
額－右眉の上約１cmに右上方へ約２cmの切傷（擦過傷？）認む、出血なし
目－やや細く開く
鼻－外傷認めず、腔に約10匹のうじを認む、出血なし
唇－上下に約１cm開く
口－口内触診せず、出血なし、金歯？
耳－外傷認めず、出血なし
顎－外傷認めず
胸部－触診せず、（出血認めず？）（凝血認めず？）
腹部－触診せず、出血認めず？
上肢－やや前方にやや硬直を認む、触診せず

下肢—触診せず

着衣のまま、主に顔の検死であるが、外傷もほとんどなく美しい顔であったという。他の隊員の証言でも、顔には銃弾の外傷などは認められなかったという。このメモのうち、「鼻腔に約十匹のうじ」が注目される。このメモには日時の記入がないとのことであるが、南洋においては、四、五時間もすると広範囲に虫が湧いてくるとのことである。検死は十九日夜と見られるので、山本は十九日昼頃までは生きていたと考えられるのである。

二十日の昼前に、十一名の遺体を海軍側に引き渡したという。

四月二十日付の「死体検案記録」が海軍軍医少佐・田渕義三郎によって書かれている。一部を引用する（蜷川親正『山本五十六検死ノート』より）。

身体に次の如き創面あり
一、左肩胛骨略中央部に小指頭大の創面ありて射管は内前上方に向う
二、左下顎角部に小指頭大の射入口、右外眥《ママ》部に拇指圧痕大の射出口認む
右により顔面貫通機銃創、背部盲管機銃創を被り貴《ママ》要臓器を損傷し即死せるものにして
死後推定六十時間を経過す

田渕氏の証言によると、実際は二十一日に検死は行われたという。また陸軍探索隊の二、三の証言とは異なり、「左肩胛骨略中央部に小指頭大の射入口」とあるが、撃たれたのであれば創面が小さすぎる。また「左下顎角部に小指頭大の創面」とあるが、撃たれていれば顔面下顎は破壊されているはずである。P38Fの銃は、二〇ミリ砲一門、一二・七ミリ機銃四梃である。二〇ミリ砲では顔など吹き飛んでしまう。一二・七ミリでも大きな創《きず》となろう。

そもそも検死はほとんど着衣のまま行われている。蜷川氏の質問に答えた田渕氏の手紙にも、「正確に云えば粗雑な書類ということは確かです。結局は単なる死後処理に過ぎない形式上ということを御了解いただきたい」とあったという。

射入口と書かれた創面については、蜷川氏によると、ウジ虫の侵食でもよく似た創ができるとのことであり、氏は銃創を否定されている。一二・七ミリといえば、日本陸軍三八式歩兵銃のほぼ倍の口径である。顔半分は崩れ、肩甲骨なども半壊するものと思われる。

P38に追われた一式陸攻機は、強い衝撃で樹木、地上に激突、炎上。乗員はほとんど機外に投げ出され、即死が多かったであろう。ただ、山本とそばの高田軍医少将は、ウジ虫の発生が極めて少なかったので、しばらく生きていたと見られる。救助隊が十八日中に辿りついていたら、山本の言葉を聞くことができたかもわからない。

蜷川親正氏は、「山本元帥の死因は、全身打撲か内臓破裂により、不時着時はそのショックで、天蓋を打ちぬいて飛び出していた。やがて正気になり、座席に坐り救助を待っていたが、十八日の午後よりは容態が急変して、夜を迎えるとともに体力の消耗ははなはだしく、十九日夜明けとともに息を引きとったものと思われる」と結論されている（『山本五十六検死ノート』）。

余談ながら、P38は「双胴の悪魔」といわれ、快速で突入・離脱を繰り返し、ゼロ戦を手こずらせた。私の住む久留米市も一、二回機銃掃射を受けたようである。隼のように急降下・上昇と乱舞する姿を、遠くからであるが見たことがある。

山本の遺骨は、戦艦「武蔵」により木更津沖に運ばれ、駆逐艦「夕雲」に移されて横須賀へ向かった。横須賀駅から特別列車で東京駅へ、そして自動車で水交社へ運ばれた。

山本の戦死は、海軍の軍人たちにも、多くの一般国民にも、深い悲しみと、戦争の前途に対する不安を与えた。当時、中学に入学したばかりの筆者も、先行きのただならぬことを感じた。

余談ながら「山本自殺説」もあるようだが、現場の状況からは考えられないと思う。

### 山本の無念

山本は凡将であったという説は、特にハワイ以後の作戦がつまらないというのである。ハワイ空襲航空隊の総指揮官であった淵田美津雄中佐も、後年、ミッドウェー作戦における連合艦隊の主力部隊の布陣を例にあげ、山本を「凡将」であったとしている。三百浬（約五五〇キロ）も後方にあって、何らの役にも立たなかったではないかというのである。また、真珠湾攻撃は日本にとってマイナスであり、アメリカにとってプラスであったともいうのである（淵田美津雄著、中田整一編・解説『真珠湾攻撃総隊長の回想』講談社、二〇〇七年)。その他三、四の山本凡将論の著書が見られる。

まず、真珠湾。空母はいなかった。石油タンクを残した。湾は浅いので、アメリカ軍は後に沈没した戦艦を引き揚げ、戦列に復帰させた。それに何よりも、アメリカ国民が対日戦に一丸となって団結した。「ジャップの騙し討ち」というのである。そもそも、ルーズベルトは攻撃を知っていた、そのワナの中に、のこのこと入っていったのだという説もある。

後でとやかく言うのはやさしい。負《ふ》の面ばかり強調しては、正しい判断はできまい。真珠湾を叩いたからこそ、南方作戦がスムーズにゆき、石油も確保できた。また、南方の国々の将来の独立の誘因となったことも事実であろう。

真珠湾攻撃でアメリカは、日本人の優秀さを知ったのである。真珠湾がなければ、アメリカが感心するような快挙もないではないか。相手が優れていることを知れば、畏怖の念も起こるものである。これは、山本あってこその偉業であった。名将、智将といわれた所以である。

しかし、あまり勝ち過ぎると、やはり油断を生ずる。ミッドウェーでのまさかの敗戦である。さすがの山本にも油断が生じた。作戦前の情報管理もだらしなかった。「二十九日にはこちらも早朝出撃して」の手紙にはアキレてしまう。一兵士ならともかく、連合艦隊が二十九日より新作戦に入ることを明かしているのである。凡将論者は、その理由の一つに、このこともあげているのである。

ミッドウェーは、索敵が不充分であったことが直接の敗因であり、また「運」というものもなかったともいえる。いずれにしろ、敗戦は将の責任となる。

山本は、そもそもが開戦反対であった。開戦の対米通知は、真珠湾攻撃前になされるよう何度も念を押していた。外交官の怠慢で遅れて、「騙し討ち」といわれたことは、さぞかし無念であったろう（外交官の怠慢ではなかったとの説もある）。

それまで不可能と思われていた、航空機による大艦の撃沈を考え実行したのも山本であった（山本は「海軍航空育ての親」といわれる）。真珠湾やマレー沖海戦を教訓として、アメリカは早速航空機主力を実施していった。翻って日本海軍は、最後まで大艦巨砲主義にこだわった。戦艦「大和」「武蔵」はそのシンボルであろう。

真珠湾、ミッドウェーの機動部隊司令長官は南雲中将である。彼は水雷屋と呼ばれ、艦隊戦の専門家で航空には暗い。日本海軍は指揮官の能力より、年功序列を重視していた。

山本とのコンビがよくなかった。真珠湾攻撃の際、石油タンクなどはほぼ無傷であったため、機動部隊内でも再攻撃を必要とする声があったが、南雲は再攻撃を命令しなかった。アメリカ軍の反撃を恐れたのである（アメリカ軍の空母の所在が不明であったため）。後日、山本は、「南雲はやらないだろうと見ていた」と語ったとのことである。

山本は海に出て、「勝つことはあり得ない」「長びけば必敗」という戦に向かわねばならなかった。やるだけのことはやろうという気概であった。

昭和十六年十二月八日付の遺書を残していた。

述志
此度は大詔を奉じて堂々の出陣なれば生死共に超然たることは難からざるべし
ただ此戦は未曾有の大戦にしていろいろ曲折もあるべく名を惜しみ己を潔くせむの私心ありてはとても此大任は成し遂げ得まじとよくよく覚悟せり
さらば
大君の御楯とたたに思ふ身は　名をも命も惜しまさらなむ

山本五十六

戦争に敗れたら名将もあり得ない。

予言のままに、一年有余で散華した。「悲劇の提督」と呼ぶべきか。

［追記］平成二十年、『連合艦隊司令長官山本五十六の大罪』（中川八洋著、弓立社）という本が出版された。凡将からついに「極悪人」にされてしまった。戦争は負けるものではないと思う。

## B24・B25・B29

これらの記号、番号が何であるか、すぐにわかる人は昭和一桁生まれの人であろう。B29は原爆投下でよく知られているので、戦後生まれの人でもご存じであろう。いずれも、前大戦のとき日本本土に来襲したアメリカ爆撃機のことである（BはBomber〔爆撃機〕の頭文字であろう）。

本土初空襲から、はや六十六年、昔話となったようである。各機が参加したときの空襲について、その特徴などを回顧し、検討してみよう。

特に、昭和二十（一九四五）年三月十日の「東京大空襲」については、今日においてさえ、

今ではこの東京大空襲は、「世界史上最大の大火」という言われ方もしているが、それはこの五カ月後の広島や長崎への原爆投下に匹敵するほどの被害状況であった。しかも官公庁の資料も焼かれてしまったために、東京大空襲の詳細は今に至るも不透明の部分がある。被害者の数にしてからがそうだ。（略）したがって一般にはおよそ十万人という言い

方が用いられてもいる。

（保阪正康『東京が震えた日　二・二六事件、東京大空襲』毎日新聞社、二〇〇八年）

このように、今なお解明されていない事項もあるといわれている。

## B25による日本本土初空襲

昭和十七（一九四二）年四月十八日、日中《ひなか》、東京、名古屋、四日市、神戸が十六機の爆撃機（ノースアメリカンB25）に襲われた。被害僅少とはいえ、まさしく奇襲であった。死者約五十名、負傷約四百名（うち重傷一五〇名）、家屋全焼約一五〇戸、半焼数十戸といわれている。ひそかに忍びよった航空母艦ホーネットより中型爆撃機が飛来し、中国大陸に飛び去ったのである（一機はソ連領ウラジオストックへ）。

十九日朝の空襲予定が、日本の哨戒小型船に発見され、予定を早めて発艦したのであった。指揮官はジェームズ・ドゥリットル（Doolittle）中佐。中型爆撃機を航空母艦から発進させるというのは、全くユニークな発想であった（「悲劇の提督・山本五十六」参照）。

十五機はどうにか中国大陸に辿り着いたが、その中の十一機は落下傘降下し、八名は日本軍の捕虜となり、うち三名は十月、上海郊外にて銃殺された。五名は終身刑で日本敗戦まで北京刑務所にいたとのことである。七名が事故で死亡。この壮挙に、アメリカ国内では、真珠湾の騙し討ちへの報復だと、やんやの喝采であったそうだ。

連合艦隊司令長官・山本五十六はこの空襲を受け、アメリカ艦隊撃滅を期してミッドウェー作戦を立てたといわれているが、ミッドウェー作戦は四月十八日以前に承認・決定されていたとのことである（元連合艦隊参謀・千早正隆『連合艦隊興亡記』中公文庫、一九九六年）。とはいえ、山本は作戦の早期実施を決意したことであろう。

昭和十七年は日本軍の連戦連勝のときであり、国民は、この本土空襲に驚きはしたが、やがて日本本土のほとんどの都市が焼土となるようなことは、思いもしなかったのである。

ノースアメリカンＢ25ミッチェル爆撃機（模型）。全長15.54m，全幅20.6m，1700馬力×2，最高速度443km

## Ｂ29、東京上空へ

翼幅四三・一メートル、二二〇〇馬力エンジン四基、与圧キャビン（高度九〇〇〇メートルでの機内気圧を二四〇〇メートルでの圧に保つ）、最大速度五九〇キロ／時、一万メートルを高速飛行。

これに比べて、一万メートルに上ると、ヨタヨタした飛行しかできず、低気圧、低酸素、零下数十度の気温に対して、少量の酸素、電熱服ぐらいの装備しかない日本戦闘機。スピードも高空ではＢ29に劣る。これでは、ま

ボーイングB29（模型）

ともな戦闘は不可能である。そもそも技術のレベルが違うのであった。そのため、よく体当たり戦法が行われたのである。

　昭和十九（一九四四）年六月十六日、中国・成都を発進した六十二機のうち四十七機が北九州の八幡製鉄所をレーダー爆撃したのが、日本本土へのB29初空襲であった（十六日午前零時過ぎに来襲）。

　アメリカ軍のサイパンその他マリアナ諸島の攻略、B29基地建設と続き、昭和十九年十一月二十四日の東京空襲を皮切りに、本土各地への猛爆撃が開始された。

　初めのうちは、高高度よりの精密爆撃が行われていた（主に軍事施設などに対して）。期待したほどの効果が上がらないようだというので、ここに、カーチス・ルメイ少将が選ばれた。すなわち、超低空からの夜間、大量の焼夷弾攻撃の開始である。民間人の住宅地を焼き尽くそうというのである。無差別絨毯《じゅうたん》爆撃であり、国際法違反である。

　しかし、アメリカは、日本軍も中国の重慶を長期間にわたり無差別爆撃したではないか、文苦を言える立場でもあるまい、というのであった。蒋介石《しょうかいせき》が重慶まで後退して、対日戦を続けていた。日本軍は三年間で二一八回の空襲を行った。死者は、中国側集計によれば一万一八八五人であった(前田哲男『戦略爆撃の思想』朝日新聞社、一九八八年)。

死者は東京空襲に比べたら極めて少ない。少ないからよいというわけではないが、アメリカでは、原爆投下についても、戦争を終わらせ、結局は死者が少なくてすんだから、よかったのではないかという意見もある。良いも悪いもないのが戦争なのだ。


空襲は頻回に行われていたが、いよいよその夜がやって来た。昭和二十年三月十日。日付が十日に変わったばかりの深夜であった。

この夜の大空襲については、一機六トンの焼夷弾を積んだB29が三百機、死者十万人といわれている。大本営発表では、「B29約一三〇機来襲。撃墜十五機。損害を与えたもの五十機」と相変わらずデタラメである。

被災地は、浅草・本所・深川・城東・下谷区の一五・八平方マイル(四一平方キロ)だった。

**東京大空襲に使用された焼夷弾**

この地に焼夷弾は、どれほど落とされたのであろうか。できるだけ事実に近づくべく検討してみた(投下弾量についてもいろいろの説がある)。私の手元に、当夜のB29に搭乗していたアメリカ軍パイロットの手記がある。チェスター・マーシャル『B29日本爆撃三〇回の実録』という書物である(高木晃治訳、ネコ・パブリッシング、二〇〇一年)。

（サイパン、テニアン、グアムの）三個飛行団合わせてB29三三四機を空中に上げる。（略）各空襲部隊に約一時間先行して先導機一二機が出る。先導機は、目標区域の周囲に正方形の輪郭を火で描き、われわれはその枠内に搭載物を一斉に投下する。先導機以外の空襲部隊の全機が新型の五〇〇ポンド（二二七キロ）M69集束焼夷弾を二四発搭載して行く。一個重量七ポンド（三・二キロ）の焼夷弾を金属の帯で束ねて、時限装置を付けている。地上に近づくと時限装置が作動して集束が解かれ、焼夷弾が広域にわたって撒布される。各一機が搭載する焼夷弾は横半マイル（〇・八キロ）、縦一マイル半（二・四キロ）の範囲に散らばって落ちる。

アメリカの戦史家バートレット・カー著、大谷勲訳『戦略東京大空襲　一九四五年三月十日の真実』（光人社、一九九四年）という書籍がある。大谷氏は同書の「訳者あとがき」で、カーの記述をもとに焼夷弾に関する情報を整理されているので紹介しよう。

●五百ポンド集束型M69（親弾）には三十八発の六・二ポンドM69（子弾）が納められていた。

●B29一機の焼夷弾搭載量は平均六・六トンであった。これを五百ポンド集束型M69になおすと二十九・三発分となる。

●爆撃に参加したB29は三百二十五機である。

チェスター・マーシャル説とバートレット・カー説の違いは、

●参加機数……マーシャル説では三三四、カー説では三二五機。

●五〇〇ポンド集束弾の一機の搭載数……マーシャル説では二十四発、カー説では二十九発。

●M69子弾一個の重量……マーシャル説では七ポンド（三・二キロ）、カー説では六・二ポンド（二・八キロ）。

なお、M69集束弾にM69子弾は何発収められているかについて、大谷氏は三十八発と考察されているが、マーシャルの書には記載がない。

なかなかややこしいようであるが、少しでも真実を知りたいものである。正確にはアメリカの国立公文書館などで資料を探さねばなるまい。しかし、かなり正確な資料も発見されているようなので、孫引きであるが、引用させていただくことにした。

早乙女勝元氏（東京大空襲研究の第一人者）の『図説　東京大空襲』（河出書房新社、二〇〇三年）には、

欠かすことのできない基本的な資料に、「戦術作戦任務報告」（Tactical Mission Report）

がある。

これはB29の日本本土爆撃の前線部隊であるマリアナ基地の第二一爆撃機軍団司令部が、大規模空襲のたびごとにまとめた極秘レポートだった。司令官カーチス・E・ルメー少将署名付きの「爆撃命令書」を中心に、作戦、気象、通信、諜報、総合統計など多角的に構成され、爆撃結果まで網羅されている。

とある。これによると、三月十日の空襲では、「M69など高性能焼夷弾の合計は一六六五トンだった」「マリアナ基地を出撃したB29は三二五機で、直接攻撃に参加したのは二七九機だった」「先発隊はこれまでにない二〇〇〇メートル平均の低高度で、東京湾上から目標地区に侵入した」「本格的な爆撃が開始されたのは、一〇日の零時七分だった」という。

この報告書により、

●マリアナ基地を出発したのは三二五機で、実際に投弾したのは二七九機

●出発機の搭載焼夷弾は合計一六六五トン

ということが判明した。

では、実際の投弾数、重量は如何ほどであったか。この計算にあたっては、「M69子弾一個の重量は何キロであったか」「M69集束弾にM69子弾は何発収められていたか」について検討しなければならない。

M69子弾一個の重量については、前述のように、マーシャル説では三・二キロ、カー説では二・八キロとなっている。M69集束弾にM69子弾が何発収められていたかについては、四十八発とする資料もあるようだが、大谷氏は三十八発であったと解説されている。

ジャーナリストの生田保年氏も、四十八発を訂正され、新資料により三十八発であったと述べられている（「久留米郷土研究会誌」第二十五号、一九九七年）。生田氏によると、「E46」（「M69」の旧名であるという）集束焼夷弾（親弾）は、径七・三センチ、長さ五〇・三センチ、重さ二・八キロのM69子弾を十九発ずつ二段に収納し、集束弾全体の重量は、四二五ポンド（一九三キロ）であるという。これらのことは、「米国戦略爆撃調査団報告書No.90」の中の「明石空襲」の項に「三十八発を内蔵し、重量は四二五ポンド」とあること、また、防衛庁防衛研究所所蔵の旧参謀本部編纂『日米英航空便覧』の中に詳細な図解入りの解説があることで判明したという。

M69子弾一個の重量については二・八キロ、M69集束弾にはM69子弾が三十八発収められていたと考えてほぼ間違いないようである。また、集束弾一発の全重量は一九三キロ（四二五ポンド）であるが、中に収められているM69子弾は一〇六・四キロ（二・八×三十八）となるようだ。

さて、マリアナ基地を出撃せんとするB29三二五機に、合計一六六五トンが用意されたということは、M69集束弾が八六二七発（一六六万五〇〇〇÷一九三）用意されたことになる。一機あたり二十六・五発（八六二七÷三二五）となる。前述のチェスター・マーシャルの「二十四発」という数字とおよそ一致するようである。

実際の投弾機数は二七九機だから、M69集束弾の総投弾数は約七四〇〇発（二十六・五×二七九）、M69子弾は二十八万二二〇〇発（三十八×七四〇〇）となる。そして、実質焼夷弾投下重量は約七九〇トン（二・八キロ×二十八万二二〇〇）となる。

三月十日の爆撃範囲は一五・八平方マイルといわれている。一五・八平方マイルとは四一平方キロである。一平方キロに焼夷弾が六八〇〇発落ちたことになる。これはドーム球場の広さに約二六〇発の計算である。これでは逃げ場所もなくなるわけである。

以上の資料検討により、三月十日の東京大空襲の投弾量は、次のようになる。

マリアナ基地を飛び立ったB29は三二五機であった。搭載された焼夷弾は集束型弾（親弾）の重量が全機で計一六六五トンである。一発の集束型弾は五〇〇ポンド弾といわれるが、実際は四二五ポンド（一九三キロ）で、中に重さ六・二ポンド（二・八キロ）のM69（子弾）焼夷弾が三十八発包まれている。飛び立ったときのB29は各機五・一二トン（一六六五トン÷三二五）のM69集束弾を搭載していた。

実際に投下したのは二七九機だから、集束弾（親弾）の合計重量は一四二八トン（五・一二トン×二七九）、投下後散開して火災を起こすM69弾（子弾）は約八〇〇トン、約二十八万発であった。

なお、本格的爆撃の約一時間前に先導機が出発している。チェスター・マーシャルは、「先導機一二機が出る。先導機は目標区域の周囲に正方形の輪郭を火で描き、われわれはその枠内に搭載物を一斉に投下する」と述べている。

バートレット・カーは、次のように述べている（大谷勲訳『戦略東京大空襲』）。

先導機はM47の積載を命じられていた。M47は百ポンド（四十五キロ）もの重量があり、主に大建造物の屋根を貫通するために用いられてきたが、今回の目的は、この爆弾の投下によって発生する火災を後続機の爆撃目標、いわば目印とするためであった。また同時に、敵の消防隊や消防車はその消火のためほとんどが投入され、つづく二千トンというM69の爆撃に対しては、もはや消火活動は不可能となるにちがいないと考えたからである。

この先導機の投弾は目印とするばかりではない。全機が特定の範囲のみに投弾して完全に焼きつくすこと、住民が逃げられないように取り囲むことが目的なのであって、真に悪質、非人道的な行為である。

［注］焼夷弾一六六五トンの他に約一〇〇トンの爆弾も投下されたという（早乙女勝元『図説　東京大空襲』）。また、M69集束弾（親弾）の重量については、なお不明の点もあり、目下調査中である。本項

では一九三キロ（四二五ポンド）として計算した。

## 東京大空襲に思う

空襲は零時七分より二時半まで、二時間二十分。これに対して高射砲とごく少数の戦闘機が立ち向かった。戦闘機は陸軍延べ四十二機、海軍四機であった（渡辺洋二『本土防空戦』朝日ソノラマ、一九八六年）。アメリカ側の発表では、戦闘機による撃墜はなく、アメリカ機の損害は、高射砲で二機、退去中の不時着水で四機、その他不明七機、事故と故障によるもの一機の計十四機のみであった。

そもそも、日本の戦闘機も極めて少ないだろうと見込み、B29の機銃も尾部の一丁だけにして重量を軽くし、その分焼夷弾を積んだという（火器類は一切取り外したという説もある。別項「東京大空襲異聞」参照）。

死者数については、前述のように今なお不明であるという。七万二〇〇〇－八万五〇〇〇人ともいわれるが、一般的には十万人とされている。当時の警視庁発表では、死亡八万三七九三人、負傷四万九一八人、全焼二十六万七一七一戸、罹災者百万八千人である。

私たちは、なめずる火の先端あたりに荷（弾）を一どきに投下して、湧き起こる煙の雲の中に突っ込んで行った。

途端に真っ暗になった。コックスと私は、荒れ狂う気流に揺れる飛行機の安定を保とうとして必死に操縦した。そこへ、いきなり妖怪が出たか、と思われた。燃えさかる火で起こった下からの熱風による強烈な上昇気流に機体が持ち上げられ、極度に大きいGのために座席に引きつけられて身動き一つできなくなった。何が起こったのか考える余裕ができたときには、高度が五千フィート（一五〇〇メートル）以上も上がっていた。と、急に身軽になった。ここでようやく私たちは火焔地獄の搦め手から逃れることができたのだ。

私たちは、焼ける人肉やがらくたの異臭に息が詰まる思いをしていたので、ようやく煙から脱して本当にホッとし溜息を大きく吐いた。

（チェスター・マーシャル著、高木晃治訳『B29日本爆撃三〇回の実録』）


三月十八日、天皇、熱望して焼跡を視察。もう戦うどころではない。降伏あるのみと思われたであろうか。あるいは、軍部の嘘の報告を信じて、敵に大打撃を与えてからのちに考えようとされたのか。どのみち、天皇制維持が確約されなければ負けられぬと思われたのか。八月六日広島、八月九日長崎に原爆。やっと八月十日になってポツダム宣言受諾と決定。広島、長崎は国体護持のための人身御供となった。

昭和三十九（一九六四）年、航空自衛隊の創立十周年の招待で来日した米空軍参謀総長カーチス・E・ルメイ大将に、日本政府から勲一等旭日大綬章が贈られた。受章の理由は、「日本の航空自衛隊の育成に協力した」というのである。ときの総理は佐藤栄作。

東京を始めとする、日本全国の各都市への無差別絨毯爆撃の提唱者であり、そして「日本を焼き尽くせ」の命令を発したアメリカ空軍の責任者である。

アメリカは、平和に反する罪として、日本人を絞首刑にした。日本の政治家は、この人道に反した軍人に勲章を授けた。東京大空襲は平和に貢献したとでもいうのであろうか。どのような考えで授与を決めたのであろうか。その心理たるや全く理解できない。

東京大空襲は、今なお検討されるべき、いろいろな課題を残している。

## B24による久留米襲撃——私の体験

昭和二十（一九四五）年五月十三日（日曜）曇　敵艦上機を初めて見た。

五月十四日（月）　敵艦上機、遂に久留米を機銃掃射せり。本土戦場を肝にめいず。


当時の筆者の日記である（一月より学徒動員でタイヤ工場で働いていた。中学三年）。三月には近郊の大刀洗（飛行場、航空機工場などあり）への爆撃があった。久留米にいても地響きを感じたものである。五月はアメリカ空母艦隊が宮崎県沖に進出。福岡県にも三、五、十三、十四日と小型機来襲頻《しき》りであった。

八月十一日午前、空襲警報発令。工場より近くの母校（中学明善校）の防空壕に待避。待避は毎度のことであるが、やがて大型機の編隊らしい爆音が迫ってきた。どうやら狙われているらしい。

そのうち、ザーザー、ガタガタ、ドンドンと騒音が近くで起こる。頭上は爆撃機の轟音である。焼夷弾のためか地響きはない。およそ四十分ほどで敵機は去っていった。壕を出ると木造校舎炎上中。バケツを抱えてあちこちに水をかけるが、焼け石に水の状態。鉄筋の校舎屋上には、不発弾か、直径四〇センチ、高さ一五〇センチほどの焼夷弾が一個あった。

コンソリデーテッドB24（模型）

約四五〇〇戸焼失。死亡二一四名。重傷六十七名、軽傷九十三名。罹災人口約二万名。焼失面積一・五七平方キロ。

来襲敵機については、B29であろうといわれていた。B29ではなくてB24であったと判明したのは、平成八（一九九六）年、ジャーナリスト・生田保年氏の新聞発表（「西日本新聞」八月十一日朝刊）によってであった。アメリカで米軍の極秘文書を発見されたのである（機は幅三三・五メートル、一二〇〇馬力×四、最高速度四六七キロ）。

壕に退避中に頭上（運動場上空）の敵機を見なかったのは残念

であるが、そのときは到底顔を出せるような状況ではなかった。

空襲の間、日本機は全くいなくて、敵の思いのままである。高射砲の音もない。アメリカの報告書によると、「高射機関銃の軽微な、かつ、わが方の飛行高度からすれば不正確な砲火あり。射程内の効果的射撃は三－四発。味方機一機が軽い損傷を受けたのみ」とあるので、機関銃を少し撃ったのであろう。タイヤ工場の屋上には一門の銃座が設けられていたので、その銃（あるいは機関砲）であったかもしれない。記憶も定かでない。

生田氏によると、アメリカ国立公文書館の資料により、久留米空襲について以下のようなことがわかったという。沖縄・読谷《よみたん》基地より来襲。第十一爆撃大隊B24二十五機、第四九四爆撃大隊B24二十八機の計五十三機。他に、監視連絡にB25中型爆撃機二機、護衛にP51戦闘機十六機、救護用にPBY飛行艇六機。航空機計七十七機。他に救護用として潜水艦三隻という物々しい陣容である（人命重視の思想に感心する次第）。

約四十分間にE46集束焼夷弾が六三六発（一機に十二発、十二×五十三）。一発にM69焼夷弾が三十八発内蔵されているので、単体としてのM69弾は二万四一六八発（三十八×六三六）投下された計算になる。総重量は約六八トン（二・八キロ×二万四一六八）となる（E46はM69の旧名という）。

この爆撃は、比較的若い隊員の訓練を兼ねた作戦であったらしい（読谷基地には大量の爆弾が残っていたという)。

八月十一日(土曜)晴　午前十時頃、遂に敵機久留米を襲ふ。我、明善校にありて敢闘す。一部を焼けり(柔道、剣道場、工作室、教室等)。市街地に相当の被害あり。

八月十三日(月曜)晴　九時半頃出立。四時半、久恵の知人宅に着いた。父の故郷、溝口にとまった。

(筆者の日記より)

八月十五日の敗戦数日前の空襲。自宅に被害はなく、翌々日には二五キロも離れた地(現・筑後市)へ、七時間もかけて徒歩、リヤカーで家財を運んだのであった。さらなる空襲による被害を避けるためで、当時「疎開《そかい》」と称した。終戦の日がすぐであることなど思いも寄らなかったのである。

八月十一日の翌十二日には、市内の筑後川鉄橋をP38戦闘機(?)が襲ったようであるが、記憶も定かではない。

今にして思えば、昭和二十年三月十日の東京大空襲は、日本降伏のときが来たことを教示している。そのことをなおざりにして、玉砕、特攻、原爆と多くの命が失われる事態を招いた政府、軍の指導者たちの責任は、今なお消えることはない。

# 東京大空襲異聞

## 衝撃の記事

「オール讀物」（文藝春秋）の平成二十年六月号に、非常に衝撃的な内容の記事が掲載されていた。柴田哲孝「超空の要塞　異聞東京大空襲」である。

その内容は、政府や軍部は昭和二十（一九四五）年三月十日に東京大空襲があることを事前に知っていたにもかかわらず、あえて防備を怠ったというのである。そして、アメリカ軍もそのことを知っていて、爆撃機の機銃をすべて取り外し、その分だけ焼夷弾を多く搭載して出撃したという。

この記事は、一読すると、小説なのかノンフィクションなのか判断しにくい。柴田氏もこの記事について、自身のブログで「あくまでもノンフィクション的な淡々とした文体で、どこまでが事実でどこからがフィクションなのかわからないような構成。歴史の迷宮に迷いこんでください」と紹介されている。

よって、すべてを鵜呑みにはできないが、とにかく衝撃的な話である。

### 謎多き三月の防空態勢

ここで、当夜の空襲の実態を資料で調べてみよう。機銃については、次のような証言がある。

●B29のパイロット、チェスター・マーシャル（少尉）

「飛行機を軽くするため、弾丸は尾部銃塔にのみ搭載するというのである」（高木晃治訳『B29日本爆撃三〇回の実録』ネコ・パブリッシング、二〇〇一年）

●アメリカの戦史家、バートレット・カー

「誤射を避けるためと爆弾搭載量を少しでも増加させるために、機関銃など戦闘火器類をいっさい取り外すことに決定した」（大谷勲訳『戦略東京大空襲　一九四五年三月十日の真実』光人社、一九九四年）

●早乙女勝元

「何本かのサーチライトの照射に遭遇したが、約五〇〇発の掃射で、その光源を破壊している」（『図説　東京大空襲』河出書房新社、二〇〇三年）

●渡辺洋二

「機銃、弾薬は全部おろし、銃手も尾部に見張り役として一人残す。他は乗せないことにした」（『本土防空戦』朝日ソノラマ、一九八六年）

これらを見ると、全機が全銃器を外したということには、やや疑問が生じる。数機だけでも、銃器を一梃は搭載していたのではないだろうか。『図説　東京大空襲』には、「約五〇〇発の掃射で、その光源を破壊している」とある。ならば、機銃搭載の機もあったことになる。

次に日本戦闘機の迎撃はどうであったか。そしてB29の損害はどうであっただろうか。

陸軍機はわずか延べ四十二機。海軍機はたった四機であった（渡辺洋二『本土防空戦』）。

B29の損失は、アメリカの資料によると対空砲火で二機、事故と故障で一機、退去中の不時着水で四機、その他不明七機、計十四機のみであった。日本機による撃墜はゼロであった。

たしかに日本機は少ない。陸軍機も「延べ」であって、実数は数機であろう。

三月十日十二時に大本営の発表があった。

「本三月十日午前零時すぎより同二時四十分の間、B29約一三〇機、主力を以て帝都に来襲、市街地を盲爆せり。右盲爆により都内各所に火災を生じたるも、宮内省主馬寮は二時三十五分、その他は八時頃までに鎮火せり。現在迄に判明せる戦果、次の如し。

撃墜十五機、損害を与えたるもの約五十機」

来襲機数を少なく発表し、撃墜は高射砲による二機だけなのに多く発表。被害については、火災以外は触れられていない。例によって嘘ばかりの発表であった。

迎撃の戦闘機は確かに少なかった。夜間は昼間に比して少なくなるかもしれないが、それにしても少なすぎる。わざと出動しなかったのか。あるいは三月十日の時点で、何らかの理由があって戦闘機がほとんど不在であったのだろうか。当時の戦闘記録を見ると、次のようになっている。

二月二十四日、関東北部・東部へ延べ六百機の艦載機来襲。日本は海軍の一二三機で迎え撃った。三月十八日、艦載機が南九州の各基地へ、延べ九四〇機来襲。ゼロ戦延べ二九二機が迎撃した。三月十九日、松山基地の海軍五十四機が、グラマンなど五十二機を撃墜。戦闘機がなかったとは考えられないのである。

東京方面の夜間防空戦力を補うため、中京防空の五戦隊は三月十一日、北九州防空の四戦隊は十六日、関東に配置されたという。ところが五戦隊が関東へ移動したばかりの三月十一日夜、今度は名古屋がB29二八五機の夜間焼夷弾爆撃を受けた。

B29とゼロ戦の大きさ比較（同縮尺の模型による）

名古屋への投弾量は東京のそれを一〇〇トン以上も上回ったが、信管の作動高度を低くしすぎ、風もなかったため、死者五百名、全焼二万六千戸であった。そして、五戦隊主力不在のため、延べ出撃機数は十四機だけで、B29も一機を失っただけであった。

続いて三月十三日の夜、大阪が二七四機に襲われた。この夜は下降気流が激しく、離陸すら困難な天候であったので、選抜操縦者のみが迎撃した。しかし来襲機の十分の一以下の機数であった。

さらに三月十六日夜から十七日にかけて、神戸へ向かって三三〇機のB29が発進。うち三〇六機が投弾した。迎撃戦力は、わずか延べ二十七機。死者・行方不明者二七〇〇名、全焼六万八千戸であった。続いて三月十八日夜から十九日にかけて、二九〇機による二度目の名古屋空襲で、三月の大都市無差別爆撃は終わった。

四月七日午前中に、関東の工場へB29一〇一機、午後に名古屋の工場へ一五三機が投弾。四月七日は午前・午後と計約一五〇機の日本機が迎撃した。五日後の四月十二日、B29一七〇機が関東の工場空襲、日本機は陸海軍延べ一八五機が迎撃した。四月十三―十四日は三二七機、十五―十六日には三〇三機で関東の工場を空襲。以後二、三の例外を除いて、B29は本州の大都市や工場地帯を襲うことはなかった。

これらの記録からも、本土に日本戦闘機がなかったのではないことは明らかである。しかし、三月は東京だけでなく、名古屋、大阪、神戸と日本機の出動が少ない。三月十日の東京だけ異常に少なかったとも断言できないようである。

B29の機銃はほとんど外されていたようである。代わりに焼夷弾を多く搭載できた。低高度であればB29の撃墜も比較的たやすい。戦闘機は保有していたのに、三月はなぜ迎撃にほとんど出動しなかったのか。そして本当にアメリカはそのことを知っていたのか。

三月の防空態勢に何があったのか。不可解なことが多い。一夜にして十万人ともいわれる犠牲だけが残った。

国民の生命・財産を守らなかった国・政府に対して、平成十九（二〇〇七）年三月に、一一一人の被災者が原告団となって「東京大空襲・謝罪及び損害賠償請求」が起こされている。

［付記］

東京空襲の記録（昭和十七年四月八日より二十年八月十五日まで）

来襲回数（一機でも一回と数える）　計一〇六回

来襲機数（B29や艦上機など）　計六七二〇機

（早乙女勝元『図説　東京大空襲』河出書房新社、二〇〇三年）

平成二十年十二月九日の「朝日新聞」朝刊に、「大阪大空襲の民間人被災者と遺族らが、昨十二月八日、国に謝罪と損害賠償を求めて、大阪地裁に集団提訴した（十八人）」とあった。

## 東京ラプソディー　パール判事のことなど

### 日本人のブランド志向

平成十九（二〇〇七）年十二月、私事であるが、娘が所属するＮＰＯ（民間非営利団体）によるクリスマスパーティー参加のため、久しぶりに上京。

このパーティー開始までの夕方のひととき、「銀ブラ」と洒落《しゃれ》てみた。日曜日の歩行者天国とかで人の波。さすが銀座、地方都市でよく見るけばけばしい看板は少ない。パリ風のセンスのよい店もある。いささか、ほっとした次第。

ところで、何と外国資本系の店が多いことだろう。エルメス、ルイ・ヴィトン、グッチ、カルティエ、ブルガリ、ピアジェ、イヴ・サンローラン、ティファニー、何でもござれである。店内はどこも混雑、アベックも多い。指輪などを物色しているところを見ると、恋人へのプレゼントか。ボーナスも出て、日曜日ということで、特に多いのであろう。

それ相応の働きをして給料をもらい、それでもって買うということは、当然の権利であり、何も悪いことではあるまい。結構なことである。それにしても、七十七歳老人の小生、何かひっかかるものがある。そもそも、外国ブランドというのが気になる。いっそのこと、大リーグ行きの野球選手のように、ブランドの本国へ移住したらよかろう。

食料も自給できない、国も守れないという今の日本、その若者たちはブランド指輪にむらがる。国土はブランド兵が守ってくれるというのであろうか。いや、これはいらぬ心配か。平和憲法がある限り、侵攻してくる外敵などあり得ないということになっているらしい。

ブランド志向と申したが、筆者の「パリ風のセンスのよい店」という表現も、ブランド志向ともいえる。

最近、『ミシュランガイド』の東京版が初発刊。三つ星とか一つ星とかの格付けが発表された週は、テレビを中心にミシュラン一色の報道であった。

『ミシュランガイド』は、一九〇〇年、フランスのタイヤメーカーのミシュラン社が、ドライバーへ、タイヤ修理工場や給油所の地図を無償で給付したのが始まりだそうだ。初めは、ホテルやレストランの情報はオマケのようなものだったが、これが人気を呼び、権威化されていったとのことである。

東京の三つ星店八店のうち、五店は日本料理、寿司店である。日本人の調査員も加わってはいるそうだが、日本料理の真の評価ができるものだろうか。いずれにしろ、これこそがブランド祭りの部類であろう。品物だけでなく、「評価」もブランド化されたのである。

すべては、近代文明開化に遅れた日本人の宿命であろうか。

六時からのパーティーでは、出席の牧師さんたちも、ショーとしてよく歌うのに感心。出席者の大半はクリスチャンのようである。同じテーブルの六十代、和服の女性に、ザビエルさんの師ロヨラさんのことを、知ったかぶりで、ワインのつまみにお話しした次第。やや、アルコールのせいならんか。中途で要注意と自戒したことであった。

## パール判事のこと

翌日、妻たちと離れて靖国神社へ三年ぶりに参拝。ウィークデーのためか人も少ない。お参りと「遊就館《ゆうしゅうかん》」見学である。この館には昔からの軍人の軍服、武器、遺品などが多数陳列されている。一階のフロア、ゼロ戦も懐かしい。タイ、ビルマで建設に捕虜を使って問題になった「泰緬《タイメン》鉄道」の機関車の大きいことに圧倒される。

ちなみに、「遊就」とは、中国の古典にある「君子は居るに必ず郷をえらび、遊ぶに必ず士に就く」から「遊」と「就」を選んだと解説されている。

中国が、首相の参拝もケシカランが、この遊就館の展示内容もケシカラン、日本の軍国主義、侵略を正当化しているという。このことも意識して再び訪れたのである。

日本軍人たちの従軍活動がそのまま語られている。皇軍、聖戦とかの表現はあまり見られないが、パンフレットの解説文に一考の余地があると思う。

「昭和六年に満州事変が勃発します」

「人間魚雷『回天』搭乗員は、すべて志願によった」
満州事変が、あたかも地震が自然に起こったような表現で書かれている。「日本軍が起こしました」と素直に事実を認めるゆとりが欲しいところであろう。特攻が「すべて志願」といわれると、かえってシラケル。この世界戦史でも希《まれ》な自殺攻撃には、「やむなく国のためにということで参加せねばなりませんでした」という説明が妥当であろう。

売店では、いろいろの戦争グッズが並べられている。書籍も多い。しかし、いわゆるタカ派系のものが多い。中国、満州へは侵略であったのであり、それに関する本も並べられてよいと思う。事実でない、誇張されているといわれている、外国人の著者になる南京事件の本さえも並べるくらいの「見識」があってもよいのではあるまいか。戦後六十年を過ぎ、われわれ日本人は、案外、冷徹な眼を持っていると思うが如何。

パール判事の顕彰碑（靖国神社境内）

境内には、以前にはなかった、パール判事の大きな肖像写真つきの顕彰碑が目につく。平成十七（二〇〇五）年建立。神社宮司さんの「頌《しょう》」という文章、そして写真のそばには、次の語句が刻まれている。これは、アメリカ南北戦争の南軍大統領ジェファーソン・デイヴィスについての研究書から、パール判事が引用した文章であるという（牛村圭「『世紀の虚構』を超克せよ」〔「別冊正論」十号、二〇〇九年〕）。

時が熱狂と偏見とを
やわらげた暁には
また理性が虚偽から
その仮面を剝ぎとった暁には
その時こそ正義の女神は
その秤を平衡に保ちながら
過去の賞罰の多くに
そのところを変えることを
要求するであろう

インドのパール判事は、大戦後の極東軍事裁判で、ただ一人、戦犯とされた人たちの無罪を主張した人である。通例の戦争犯罪については考慮の余地を残してはいるが、そもそも、「平和に対する罪」が従来の国際法に合致せず不当である、すべての訴因を却下するという主張であった。結果的に、マッカーサーによる報復のための無法な裁判であることを、暗に指摘したことになろう。

パール判事のことについては、平成二十年一月号の「文藝春秋」誌に、NHKディレクター高木徹氏が、「パール判事　知られざる出自」として寄稿されている。その要旨を紹介しよう。

「当時のインド知識人の中で例外的といえる、極貧と地位の低いカーストという境遇に生まれた。『パール』という姓は、彼が決して高くないカーストに属し、職業的には陶工を生業とすることを意味する。ある決められた職を生業とし、それ以外には雑用に従事するしかなく、したがってどんな優秀な頭脳を持っていたとしても、教育など、必要も機会もあるはずがなかった。少年パールに未来が開けるチャンスを与えたのは、同じヒンズー教徒ではなく、イスラム教徒だった。

『賢い子供がいる』という評判を耳にした、村で私設の寺小屋を開いていたアリ先生は、幼いパールと会い、その優秀さを確かめて寺小屋に入学させた。村を出て奨学金を得て、少しずつ上級の学校へ進み、十二歳のときクスティアHE校（小・中学）に転入。十九歳のときカルカッタに出て、国立大学入学。

初め数学を学んだのち、法学で修士、博士号をとり、カルカッタ高裁判事となり、カルカッタ大学副総長（事実上の学長）となった。

彼は、ガンジーを崇拝するが、チャンドラ・ボースの武力闘争には反対していた。また、彼の長男へのインタビューによれば、『父は死刑そのものを好ましく思っていなかった』ということである。『人間は人間に命を与えることはできない。それなのに、なぜ奪うことが許されるのか』と悩んでいたという」

また、さらに興味深いことを高木氏は述べておられる。その要旨を紹介しよう。

「アメリカGHQは、初めインドの判事を参加させる意志はなく、日本の降伏文書に調印した九カ国で判事団を構成する予定であった。独立を予期したインドが参加を強硬に主張し、結局、インドとフィリピンが加わった。

裁判まで二週間と迫り、候補者を急いで募ったが断られた。そこに、ようやく要請に前向きな人物、パールが現れたというのである。

無罪論は、インド側首脳部の望みではなかった。ネール首相らは対応に苦慮したという」

マッカーサーの報復と見たり、日本人への贔屓《ひいき》からといったような俗世間的なことを超えた知性と冷徹な頭脳は、やはり称賛されるべきであろう。

パール判事の碑には、いずれ中国がいちゃモンをつけるだろう。

首相が参拝もできない日本。その社《やしろ》の境内で、パール判事は我々日本人をどんな思いで見ているのだろうか。

## 皇居外苑、そして築地にて

三日目、妻を伴ない、タクシーで桜田門と楠木正成《くすのきまさしげ》像の撮影に出かけた。運転手さんは、

「クスノキマサナリさんですね」と言った。団塊の世代か。妻に「桜田門外の変」などを話しても、すぐにはわかってくれないようである。戦後の新制教育の欠陥ならん。いや、歴史は遠ざかりというべきか。交通事情もあるようで、和気清麻呂《わけのきよまろ》像に行くのは、遠慮した次第であった。

目下、南北朝時代（一三三一―九二年）のことを書いているので、南朝・後醍醐《ごだいご》天皇の忠臣・楠木正成の取材となった次第。現皇室は北朝系であられるので、その皇居前に南朝忠臣の像とは、理解し難いことであろう（「後南朝閑話（二）」参照）。それにしても、壮大で美事な銅像である。

思えばその昔、昭和二十五（一九五〇）年頃には、皇居前広場に進駐軍と呼ばれたアメリカ軍の閲兵台が置いてあった。お堀の向こうに、カーキ色軍服のマッカーサーが司令部に入る後ろ姿を見た。国会議事堂周辺の一隅には、なお瓦礫《がれき》が残っていた。もう、五十七、八年前のことである。

私事で恐縮であるが、昭和三十四年、第四十五回日本消化器病学会総会が東大であり、スライド映写しつつ七分間の発表を行った。前の演者が外国人みたいなアクセント（鹿児島か）で、やや変だなと思ったが、次の演者（小生）は、九州・久留米のアクセントで、ローカルカラー豊かなことだったろう。

その年だったと思うが、青山口で、今上天皇の結婚式の馬車をカラー八ミリ撮影した。美智子妃はパール色の服だった。ビデオにしているので、今も、ときたま見ることがある。

夜バーに行くと、「ミッチーブーム」とかで、ホステスは白いテニスウェアスタイルばかりであった。人づての紹介で、議員会館とやらに二、三泊。門限なし、低料金。ただし、何日目かには「もういいでしょう」と言われたとかいうことを後日、耳にした。これも、はや五十年前のお話。古い、古い。

四日目は、築地《つきじ》中央市場見学となった。一行四人。目的は食事にあったが、市場内を見学、撮影した（小生、ある青果市場に関係しているので、よい視察となった）。

婿殿が小さい寿司屋に案内してくれた。カウンター十席ほど、どうにか座れた。狭いのが面白い。久留米にも市場内の食堂はあるが、入るのは初めてである。

食べ始めて気がつくと、右隣に若い女性が座っている。彼女の寿司は、待ち長いようである。

「遅いですね」

と声をかけたが、

「……」

返事がない。

どうも、日本語がわからぬらしい。どうみても日本人に見える。

「どこの人？」

とブロークンイングリッシュで聞くと、

「私、チャイニーズです」

と英語で答える。

「どこから来たの」

と聞けば、オーストラリアから一人で来たという。コップに水らしき液体あり。

「ウォーラー?」

と聞けば、

「ジャパニーズ・オサケ」

という。娘がコップ酒を飲むのである。どうもわからない。

ここで私の娘と交替。二人でペラペラ英語をしゃべっている。この女性の両親(チャイニーズ)は本国にいるらしい。この辺で詮索はやめた。とにかくオーストラリアからの旅行者が、市場内に入ってくるのが珍しい。旅行案内書にでも出ているのだろうか。

ところが、魚市場内というのに、寿司の味は今一つ。妻に聞くと、そう安い値段(久留米に比しては)でもないらしい。いわゆる「江戸前」には、有名店でウン万円でないと、ありつけないのであろうか。九州、特に福岡県は魚がうまいという東京人の声を、ときに聞くようである。

ついでに食べ物のお話。羽田空港でお食事というときには、三階の「京ぜん」がお勧め。第一に、三階のためか混雑していないのがよろしい。軽く昼食というには手頃、刺身もいつも新しい。上京のときの羽田では、この店に決めている。

このたびは、「駒形《こまがた》のどぜう」を食べたかった。写真で見ると、建物そのものが文化財のようで面白そうである。それと隅田川の遊覧を、食事付きであればしてみたい。先年、お台場辺りで提灯をつけた屋形船を見たので、いずれ乗ってみたいと思う。

日本歴史探訪執筆のための取材もせねばならない。次回の上京を楽しみにということで、羽田を発ったのである。

冠雪した「富士」が、ややかすんだ大気の中であるが、五〇〇〇メートル下方から見送ってくれた（飛行高度約八〇〇〇メートル）。

# 関連年表

300年頃　日本武尊《やまとたけるのみこと》、九州の熊曾《くまそ》征討。

527年　筑紫君磐井《つくしのきみいわい》の乱。

592年　初の女帝、三十三代・推古《すいこ》天皇践祚《せんそ》。

645（大化元）年　大化の改新。中大兄《なかのおおえ》皇子（後の天智《てんじ》天皇）と中臣鎌足《なかとみのかまたり》、蘇我入鹿《そがのいるか》を謀殺。

672年　壬申《じんしん》の乱。

673年　天智天皇の弟・大海人《おおあま》皇子が四十代・天武天皇となる。

690（朱鳥4）年　四十一代・持統《じとう》天皇（女帝）践祚。柿本人麻呂《かきのもとのひとまろ》、持統に仕える。隼人《はやと》らが皇居を警備。

694（朱鳥8）年　持統天皇、藤原京（飛鳥地方北部）に遷都。

710（和銅3）年　元明天皇（四十三代、女帝）、平城京（奈良盆地の北限）に遷都。

759年頃　『万葉集』編集。

770（宝亀元）年　称徳天皇（四十八代、女帝、重祚《ちょうそ》〔四十六代・孝謙天皇〕）病死。道鏡、左遷される。

784（延暦3）年　桓武《かんむ》天皇（五十代）長岡京へ遷都。

794（延暦13）年　桓武天皇、平安京へ遷都。

939（天慶2）年　平将門《たいらのまさかど》、東国で反乱。新皇と名乗る。
1167（仁安2）年　平清盛、太政大臣《だじょう》となる（武士で初めて）。
1185（文治元）年　壇ノ浦の戦い。平家滅亡。
1192（建久3）年　源頼朝、征夷大将軍となる。
1274（文永11）年　元軍三万襲来。
1281（弘安4）年　元軍十四万襲来、台風で壊滅。
1331（元弘元）年　楠木正成《くすのきまさしげ》、挙兵。南北朝に分裂。
1333（元弘三）年　鎌倉幕府滅亡。
1334（建武元）年　建武の新政（後醍醐《ごだいご》天皇による親政）。
1338（延元3）年　足利幕府成立。足利尊氏、征夷大将軍となる。
1381（弘和元）年　足利義満（三代）による京都室町の花の御所落成。
1392（明徳3）年　南北朝合体。
1429（永享元）年　琉球王国誕生。
1543（天文12）年　種ケ島に鉄砲伝来。
1549（天文18）年　フランシスコ・ザビエル師、来日。
1551（天文20）年　ザビエル師、離日。
1589（天正17）年　ルイス・フロイス師、筑後・久留米城で布教。
1600（慶長5）年　関ケ原の戦い。

1603（慶長8）年　徳川幕府成立。徳川家康、征夷大将軍となる。

1609（慶長14）年　薩摩島津藩、琉球を征服。

1613（慶長18）年　全国にキリスト教禁教令。

1637（寛永14）年　島原の乱（キリスト教徒と農民の反乱）。

1754（宝暦4）年　筑後・久留米の農民一揆。参加十万人ともいわれている。

1853（嘉永6）年　ペリー、浦賀に来航。

1860（万延元）年　桜田門外の変。大老・井伊直弼《なおすけ》、水戸浪士らに暗殺される。

1863（文久3）年　八月十八日の政変。公武合体派（徳川幕府と朝廷で政治を行う）の薩摩藩が京都守護職にあった会津藩と通じ、尊攘派を京都から一掃しようとしたクーデター。この政変により尊攘派公家七人が長州へ逃れた（七卿落ち）。

1864（元治元）年　六月、池田屋事件。新選組、尊王志士らを刺殺。七月、禁門の変（蛤御門の変）。政変で追われた長州藩は、京都奪還のため御所襲撃の暴挙に出る。守るは薩摩・会津・久留米・肥後・彦根藩兵など。長州敗退。

1865（元治2）年　三月二十二日、薩摩のイギリス留学生ら出航。［四月七日、慶応と改元］

1866（慶応2）年　一月、薩長同盟。薩摩と長州で討幕に進む。

1867（慶応3）年　十月十四日、大政奉還。

1868（慶応4）年　一月、鳥羽《とば》・伏見《ふしみ》の戦い。戊辰《ぼしん》戦争始まる。久留米藩兵、戊辰戦に従軍。［九月八日、明治と改元］

1869（明治2）年　五月、箱館の幕府軍（榎本ら）降伏。戊辰戦終わる。

1871（明治4）年　久留米藩難。政府転覆の陰謀。政府軍も久留米に進駐。企ては失敗。

1874（明治7）年　佐賀の乱。江藤新平ら死罪。

1877（明治10）年　西南戦争。

1894（明治27）年　日清戦争（－1895年）。

1904（明治37）年　日露戦争（－1905年）。

1932（昭和7）年　上海事変。爆弾三勇士戦死。

1937（昭和12）年　日中戦争（シナ事変）始まる。

1941（昭和16）年　十二月八日、真珠湾空襲。太平洋戦争（大東亜戦争）始まる。

1942（昭和17）年　四月十八日、東京などをアメリカ機、初空襲。六月、ミッドウェー海戦（日本軍惨敗）。

1945（昭和20）年　三月十日、東京大空襲（死者十万人）。八月六日広島、八月九日長崎に原爆。八月十一日、久留米空襲。八月十五日、無条件降伏。

1946（昭和21）年　極東軍事裁判開始。

1948（昭和23）年　極東軍事裁判の判決（絞首刑七人など）。

1951（昭和26）年　日本占領の最高司令官マッカーサー罷免（朝鮮戦争で中国への越境攻撃を主張したため）。サンフランシスコ講和条約、日米安全保障条約調印（日本の安全を守るため、アメリカ軍が日本に駐留する）。

# 主要参考文献

〔古代〕
次田真幸『古事記 全訳注』上・中・下、講談社学術文庫、一九七七－八四年
坂本太郎他校注『日本書紀』三、岩波文庫、一九九四年
宇治谷孟『日本書紀 全現代語訳』上・下、講談社学術文庫、一九八八年
武光誠監修『誰も書かなかった古代史ミステリー』学習研究社、二〇〇六年
矢野一貞『三事図考』復刻版、明徳社、一九八六年
『八女市史』上、八女市、一九九二年
中河原喬『磐井の乱と九州王朝』同成社、一九九九年
田村圓澄・小田富士雄・山尾幸久『古代最大の内戦・磐井の乱』大和書房、一九八五年
関裕二『日本書紀 塗り替えられた古代史の謎』実業之日本社、二〇〇五年
佐佐木信綱編『新訓 万葉集』上・下、岩波文庫、一九九一年
久松潜一『万葉秀歌』一－五、講談社学術文庫、一九七六年
上村悦子『万葉集入門』講談社学術文庫、一九八一年
北山茂夫『柿本人麻呂論』岩波現代文庫、二〇〇六年
梅原猛『水底の歌 柿本人麿論』上・下、新潮文庫、一九八三年
山岸徳平校注『源氏物語』一、岩波文庫、一九九四年
佐佐木信綱校訂『新訂 新古今和歌集』岩波文庫、一九九三年

北山茂夫『万葉群像』岩波新書、一九八〇年

[鎌倉・室町時代]

『別冊歴史読本33　歴代天皇・皇后総覧』新人物往来社、二〇〇六年
井沢元彦『逆説の日本史3　古代言霊編』小学館、一九九五年
原口泉他『鹿児島県の歴史』山川出版社、一九九九年
中村明蔵『薩摩民衆支配の構造』南方新社、二〇〇〇年
「歴史読本」二〇〇七年七月号（特集「検証後南朝秘録」）新人物往来社
「歴史読本」二〇〇七年十月号（特集「天皇家と皇子」）新人物往来社
高森明勅監修『歴代天皇事典』ＰＨＰ文庫、二〇〇六年
京都御所一般公開パンフレット、宮内庁京都事務所、二〇〇七年
井沢元彦『逆説の日本史11　戦国乱世編』小学館、二〇〇四年

[キリスト教関係]

ルイス・フロイス著、松田毅一・川崎桃太訳『完訳フロイス日本史』一・六、中公文庫、二〇〇〇年
ピーター・ミルワード著、松本たま訳『ザビエルの見た日本』講談社学術文庫、一九九八年
川崎桃太『フロイスの見た戦国日本』中公文庫、二〇〇六年
外山幹夫『大友宗麟』吉川弘文館、一九八八年
遠藤周作『王の挽歌』上・下、新潮社、一九九二年
竹村覚『キリシタン遺物の研究』開文社、一九六四年
『今村教会百年のあゆみ』今村カトリック教会
『今村切支丹小史』今村カトリック教会、一九五二年

『大刀洗町史』大刀洗町、一九八一年
結城了悟『鹿児島のキリシタン　改訂版』春苑堂書店、一九八七年
ゲオルク・シュールハンマー著、安田一郎訳『イエズス会宣教師が見た日本の神々』青土社、二〇〇七年
高橋裕史『イエズス会の世界戦略』講談社、二〇〇六年
高橋弘一郎『キリシタン時代の研究』岩波書店、一九七七年
岸野久『ザビエルの同伴者アンジロー』吉川弘文館、二〇〇一年
宮崎正勝『ザビエルの海』原書房、二〇〇七年
中川浪子『聖イグナチオ・デ・ロヨラ』中央出版社、一九九三年
ヘレン・エラーブ著、杉谷浩子訳『キリスト教暗黒の裏面史』徳間書店、二〇〇四年
『日本キリスト教大事典』教文館、一九八八年
『キリスト教人名辞典』日本基督教団出版局、一九八六年
チースリク訳・解説、国武喆生編・註解『毛利秀包時代のイエズス会年報・書簡』久留米郷土研究会、一九八〇年
「筑後のキリシタン」（『久留米市史』第二巻、久留米市、一九八二年）
佐藤早苗『奇跡の村　隠れキリシタンの里・今村』河出書房新社、二〇〇二年
「殉教者ジョアン又右衛門　主キリストの証し人」本郷カトリック教会
大住広人『ザビエルとヤジロウの旅』葦書房、一九九九年
宮崎正勝『ザビエルの海』原書房、二〇〇七年

〔幕末―明治〕

加治将一『幕末維新の暗号』祥伝社、二〇〇七年
松重楊江『日本史のタブーに挑んだ男』たま出版、二〇〇三年
子母沢寛『新選組始末記』中央公論社、一九六二

年
永倉新八『新撰組顚末記』新人物往来社、一九九八年
西村兼文「新撰組始末記」（『新選組史料集』新人物往来社、一九九三年）
秦林親「秦林親日記」（『新選組史料集』新人物往来社、一九九三年）
平尾道雄『定本 新撰組史録』新人物往来社、二〇〇三年
釣洋一『新選組誠史』新人物往来社、一九九八年
市居浩一『新選組・高台寺党』新人物往来社、二〇〇四年
久保和也「完全踏査 新撰組隊士全墓碑・墓所探訪録」（『別冊歴史読本 新選組大全史』新人物往来社、二〇〇三年）
前田政記「新選組全隊士プロフィール」（『新選組人物誌』河出書房新社、二〇〇三年）
『図説 幕末志士199』学習研究社、二〇〇三年
「幻の幕末オールスター写真 実は佐賀藩士、君の名は？」（「西日本新聞」二〇〇六年十一月二十八日夕刊）
小沢健志編『幕末・明治の写真』ちくま学芸文庫、一九九七年
「若き薩摩の群像」鹿児島市観光企画課資料、二〇〇七年
野間口泉「彫刻家中村晋也と銅像」（月刊「歴史研究」二〇〇七年三月号、歴研）
林望『薩摩スチューデント、西へ』光文社、二〇〇七年
吉村昭『ひとり旅』文藝春秋、二〇〇七年
『別冊歴史読本64 世界を見た幕末維新の英雄たち』新人物往来社、二〇〇七年
『三百藩戊辰戦争事典』上・下、新人物往来社、二〇〇〇年
小川和佑『桜の文学史』文春新書、二〇〇四年
山田孝雄著、山田忠雄校訳『桜史』講談社学術文庫、一九九〇年
『読める年表・日本史』自由国民社、二〇〇三年

松重楊江『二人で一人の明治天皇』たま出版、二〇〇七年
石黒敬章・犬塚孝明『明治の若き群像　森有礼旧蔵アルバム』平凡社、二〇〇六年
新潮社編集部編「森鷗外年譜」（森鷗外『山椒大夫・高瀬舟』新潮文庫、二〇〇六年）
吉村昭『白い航跡』上・下、講談社、一九九一年

［太平洋戦争関係］

阿川弘之『新版　山本五十六』新潮社、一九六九年
蜷川親正『山本五十六検死ノート』光人社、一九七一年
半藤一利『山本五十六』平凡社、二〇〇七年
山室英男・緒方徹『検証・山本五十六長官の戦死』日本放送出版協会、一九九二年
生出寿『凡将山本五十六・烈将山口多聞』徳間文庫、二〇〇五年
山本義正「わが父・山本五十六　最後の晩餐と遺言」（「正論」二〇〇一年九月号、産経新聞社）
淵田美津雄著、中田整一編・解説『真珠湾攻撃総隊長の回想』講談社、二〇〇七年
源田實『真珠湾作戦回顧録』文藝春秋、一九九八年
淵田美津雄『真珠湾攻撃』ＰＨＰ研究所、二〇〇一年
吉村昭「山本長官機撃墜さる」文春カセットライブラリー、一九八九年
高木徹「パール判事　知られざる出自」（「文藝春秋」二〇〇八年一月号）
早乙女勝元『図説　東京大空襲』河出書房新社、二〇〇三年
渡辺洋二『本土防空戦』朝日ソノラマ、一九八六年
松浦総三『天皇裕仁と東京大空襲』大日書店、一九九四年
『日本の空襲8　九州』三省堂、一九八〇年
保阪正康『東京が震えた日　二・二六事件、東京

大空襲』毎日新聞社、二〇〇八年
チェスター・マーシャル著、高木晃治訳『B29日本爆撃三〇回の実録』ネコ・パブリッシング、二〇〇一年
バートレット・カー著、大谷勲訳『戦略東京大空襲　一九四五年三月十日の真実』光人社、一九九四年
W・ローソン著、野田昌宏訳『東京奇襲』朝日ソノラマ、一九八二年
柴田哲孝「超空の要塞　異聞東京大空襲」（「オール讀物」二〇〇八年六月号、文藝春秋）
加藤寛一郎『大空の覇者ドゥリットル』上・下、講談社、二〇〇四年
前田哲男『戦略爆撃の思想』朝日新聞社、一九八八年
生田保年・野嶋剛共訳「久留米空襲に関する文書」（「久留米郷土研究会誌」第二十五号、一九九七年）
中川八洋『連合艦隊司令長官山本五十六の大罪』弓立社、二〇〇八年

［筑後・久留米関係］

「毛利秀包治政期資料」（『久留米市史』第七巻、久留米市、一九九二年）
久留米初等教育会編『久留米郷土史』歴史図書社、一九七八年（一九三七年刊の改題復刻）
『真木和泉守保臣先生殉道百三十年誌』真木和泉守保臣先生歿後百三十年顕彰事業推進委員会、一九九五年
山口宗之『ふくおか人物誌5　真木保臣』西日本新聞社、一九九五年
浅野陽吉「幕末に於ける各藩海軍比較」（「郷土研究筑後」復刻版第二十二分冊、郷土研究筑後復刻委員会、一九七五年）
村田一重「函館戦に参加した筑後藩兵の行動記録」（「福岡地方史談話会会報」第八号、一九六九年）
『久留米碑誌』久留米碑誌刊行会、一九七三年

『工兵第十八連隊史』久留米工兵史料保存会、一九八四年
「肉弾三勇士物語」（「朝日新聞」二〇〇七年六月十三日）
樋口一成「三勇士記念館について」（「久留米郷土研究会誌」一〇五号、二〇〇七年）
『軍歌と日本人』宝島社、二〇〇七年
中村浩理「解説・応変隊始末記」（「福岡地方史談話会会報」第八号、一九六九年）
『目で見る久留米の歴史』久留米市、一九七九年
篠原正一『久留米人物誌』菊竹金文堂、一九八一年
今方重一編『久留米藩政治経済史年表』久留米藩政治経済史年表刊行会、一九七六年
『続久留米市誌』下巻、久留米市、一九五五年
川島澄之助『明治四年久留米藩難記』（金文堂、一九一一年）
浅野陽吉「贈従四位　原道太盾雄・原行雄」（「郷土研究筑後」復刻版第二十三分冊、郷土研究筑後復刻委員会、一九七五年）

# 初出一覧

柿本人麻呂の恋　月刊「歴史研究」二〇〇七年十二月号
ザビエルを連れてきた男・アンジロウ　月刊「歴史研究」二〇〇八年六月号
イエズス会の日本布教　月刊「歴史研究」二〇〇七年四月号（イエズス会の対日戦略）
ルイス・フロイス、久留米城へ　「郷土久留米」二〇〇七年六月号（ルイス・フロイス、筑後・久留米城で布教）
若き薩摩の群像　月刊「歴史研究」二〇〇八年十二月号
「爆弾三勇士」物語　月刊「歴史研究」二〇〇八年十一月号

（　）内は掲載時のタイトル。なお、それぞれ大幅に加筆・訂正を施した。

# ふたり旅　あとがきに代えて

歴史探訪とは、残された史料によって、その地の歴史を訪ねることである。いろいろの資料による机上だけの「探訪」もあろう。

史蹟などを訪ねると、ぐっと臨場感が生じる。探訪の旅のおり、その土地の郷土料理を賞味するのも楽しみである。それに土地の人との「ふれあい」もある。

ここ三、四年、探訪に努めているが、外国はなく、遠方でもなく、大げさなものでもない。年とともに歩行力は衰えるものである。腰椎骨折後、しばらくは杖を必要とした。数年来の難聴も進み、補聴器も両耳着用という無様なことになった。それでも低い会話はよく聞きとれぬことがある。よって、取材の旅には常に通訳として、「つれあい」を伴った。そういう必要に迫られての「ふたり旅」である。

以前、佐賀市に江藤新平を取材したことがあった。何となく、彼の人気は今一つの感じである。立ち寄った寿司屋のオヤジは江藤ファン。大久保はひどい奴だと意見一致。オヤジが喜んだ。しかし、同席のつれあいは薩摩武士の孫なるゆえ、大久保のことも、ほどほどにした次第。

久留米の招魂社にある「佐賀賊徒追討戦死之墓」。「賊徒」とあるのはいささか気の毒。外してくれと要望があったそうであるが、平成二十年の今なお、そのままである。

平成十九年春四月、桜花の京都に行った。以前より新選組のことを書いていたので、取材が必要であった。小さい寺は狭い路地に点在し、タクシーの運転手さんは、私の地図を頼りにいくつもの寺を探してくれた。

屯所であった八木邸などは天井も低く、狭い家屋である。ここで太刀をもった隊士たちがよく動けたものだと思った。特に、芹沢鴨の暗殺時など、刀を振り回すのに窮屈であったろう。

幸いに、京都御所も公開中。左近の桜も満開である。皇居としては真に簡素である。木造建築として文化遺産というところであろうが、何とも質素である。建築規模からいえば、ヨーロッパの宮殿とは全く比較にもならない。大理石など石造りの大建築と、木と紙と土の建物では全然レベル違い。宣教師ルイス・フロイスが、「大砲四門をもってすれば半日ですべて破壊できる」と『日本史』に書いた通りである。

文化遺産、芸術的価値は別として、先進の西洋文明は率直に認めねばなるまい。もっとも、京都時代の天皇の「位置」は幕府の管理下に置かれたのであり、明治新政府が天皇を大元帥として以来の「格」とは異なっていたわけである。

内裏《だいり》（御所）の清涼殿で、足利幕府三代将軍・義満は、次男・義嗣《よしつぐ》の元服を立太子の礼に順じて行った。六百年も昔のことである。

平成十九年十月、九州新幹線（八代―鹿児島）に初めて乗って鹿児島中央駅で降りた。広場には「若き薩摩の群像」がある。十九名の留学生のうち、二名は薩摩人ではないというので、十七名の群像である。

ところが、タクシーの運転手さん（五十代か）曰く、「いや、二人もほんとは薩摩の出身ですよ」。これは初耳であった。ところが、その後注意しているが、薩摩出身という話は聞かない。もし事実なら、とんだスクープであったろう。

しかし、二人を加えなかったのは、度量がないようなので、ここは一つ、大きな気持ちで二人の像を加えようではないかという話もあるそうだ。仮にそれを望んだとしても、二人の像を加えたら造型のバランスが失われるので、製作者は反対されるであろう。

鹿児島市・ザビエル公園前の小さい書籍コーナーには、キリスト教関係の本が多く並び、結城了悟『鹿児島のキリシタン』、中川浪子『聖イグナチオ・デ・ロヨラ』などは貴重な資料となった。ザビエルの上陸地など、いずれ探訪の予定であるが、この書籍コーナーも再訪したい。

冬に上京の際には、楠木正成《くすのきまさしげ》像、桜田門、遊就館《ゆうしゅうかん》（靖国神社内）を訪れた。本文に述べたように、五十代のタクシー運転手さんは、「マサナリさんですね」と言った。昔は遠くなりにけりと思った次第。

久留米の工兵隊「爆弾三勇士」の銅像は久留米市公会堂前にあって、著者が小学生の頃、よく見たものである。その歌の中の文句に「二十二日の午前五時」とあったが、今でもそのふしまわしが口に出る。

このたびの資料探索により、全く同じ行動をした兵士が八組二十四名いて、破壊筒は八本、一本を三名で運んだことがわかった。「爆弾三勇士」の他に四名の戦死者がいたことも知った。四名は無名の戦死であった。そして、歌の作詞者が高名な、あの与謝野寛（鉄幹）であることも知った次第。

昭和の大戦（太平洋戦争。当時の日本では大東亜戦争というのが正式の呼称だった）の敗戦は、日本の歴史の中では、第一のトピックであろう。

天皇が、敵アメリカの一軍人のところへ、のこのこと挨拶に行かねばならなかった。モーニングの正装というのに、相手は開襟の日常の軍服である。南北朝の話題どころではない。天皇制消失の危機もあったのである。

大戦に関しては、前述の「三勇士」「アメリカ軍の日本爆撃」「山本五十六」、それに極東軍事裁判で日本無罪をただ一人主張した、インドの「パール判事」のことなどに言及した。

ミッドウェーの思わぬ大敗後間もなく、山本は急いで散華していった。ハワイを占領し、ロサンゼルスでも徹底的に破壊し、講和を結ぶのが、まさしく彼のバラ色の夢であったろう。当時の日本海軍の実力からすれば、そのことは全く不可能な夢でもなかったのである。原爆ほどではなくても、市街地の爆撃がいかにひどいものであるかを、アメリカ人たちに一度は示したかったであろう。

それにしても、日本軍は、西太平洋、南太平洋、インド洋と、とてつもなく広い海原を、よくぞ進んでいったものである。アメリカ軍の日本空襲など、体験した人たちも少なくなった。記録されねばならない。

これからも、ささやかな「ふたり旅」を続けていきたいと思っている。温故知新、昔を知ることにより、現在の「ものごと」を、より客観的に判断できるのではないだろうか。このささやかな歴史随筆集が、その一助ともなるところがあれば、それに勝る喜びはありません。

なお、刊行にあたっては、今回も海鳥社にお世話になった。同社・田島卓氏の綿密な校正・編集に謝す。

平成二十年師走

松本　茂

**松本　茂**（まつもと・しげる）
昭和5（1930）年，久留米市生まれ。久留米市篠山小学校，福岡県立中学明善校を卒業。平成13（2001）年，開業医を閉院。著書に『久留米藩難から新選組まで』（海鳥社），『櫨多き国　写真・美術論集』『あれから』『モノクロ写真作品集』（以上，私家版）など。月刊「歴史研究」に数編を発表。
「久留米文学」で市長賞・教育委員会賞を受章。久留米市ふるさと市民賞（芸術文化）受章。また，「国際写真サロン」に5回入選。
現在，久留米郷土研究会，歴史研究会（東京），福岡県美術協会，久留米連合文化会に所属。

私《わたし》のつれづれ歴《れき》史《し》探訪《たんぼう》

■

2009年5月13日　第1刷発行

■

著　者　松本　茂

発行者　西　俊明

発行所　有限会社海鳥社

〒810-0074　福岡市中央区大手門3丁目6番13号

電話092(771)0132　FAX092(771)2546

印刷・製本　大村印刷株式会社

ISBN 978-4-87415-729-9

http://www.kaichosha-f.co.jp

[定価は表紙カバーに表示]